Espoir
pour l'âme et l'esprit

Le miracle de la guérison intérieure

Michel Robillard

Sauf indication contraire, les citations bibliques sont tirées de la version *Louis Second 1910.*

Utilisation du masculin générique afin de rendre le texte plus léger.

Les noms des personnes dans les exemples cités sont fictifs.

Traduction de certaines citations de l'anglais : Michel Robillard

Révision linguistique : Diane Beaupré

Dépôt légal – Bibliothèque nationale du Québec, 2022.
ISBN (version imprimée) : 978-2-9811011-2-9

Table des matières

Introduction

Au mois de juillet 2020, après 37 années de loyaux services, j'ai pris ma retraite de la pratique médicale. Je m'étais orienté vers la médecine afin d'être psychiatre. Cependant, en cours de route, j'avais choisi la médecine générale, tout en conservant un intérêt particulier pour la vie psychique de mes patients. Pendant 24 ans, j'avais donc mis à part des plages horaires afin d'exercer la relation d'aide. Puis, j'avais découvert la prière de guérison intérieure (PGI). J'avais alors délaissé la psychothérapie pour me tourner vers cette discipline pastorale.

Aujourd'hui, plusieurs personnes dans le milieu chrétien m'appellent pasteur Michel. En effet, j'ai été engagé en 2013 comme pasteur adjoint à l'Église Vie Abondante de Québec, où j'ai mis en place un service de PGI. Depuis, nous avons aidé plus de 350 personnes en utilisant cette approche. Les commentaires sont très positifs ; si bien qu'en 2020, j'ai eu à cœur d'écrire le présent livre pour faire connaître les bienfaits de la PGI. Vous verrez qu'il s'agit d'une approche assez simple, qui permet de libérer rapidement et efficacement les gens de leurs souffrances intérieures. Il n'est pas nécessaire d'avoir une formation poussée pour pratiquer la prière de guérison. Il faut, cependant, croire que Dieu peut et veut guérir aujourd'hui !

Il y a plusieurs années, ma femme et moi avons reçu des paroles prophétiques disant que nous aurions un ministère visant à libérer les gens de leurs blessures intérieures. Par exemple, au mois de février 2008, j'ai été invité par une Église de la région d'Ottawa pour donner une conférence durant la Semaine de prévention du suicide. J'étais alors connu comme médecin

6

chrétien, écrivain et conférencier engagé dans la communauté. Après mon intervention, un des pasteurs locaux s'était approché et avait prié pour nous. Il dépeignait des réalités de nos vies. Il reprenait des passages de la Bible qui nous avaient touchés dans nos méditations personnelles. Il redisait des paroles prophétiques qui nous avaient déjà été transmises par d'autres personnes. Il avait insisté en particulier sur un passage du livre d'Ésaïe en disant que celui-ci décrivait vraiment ce que nous avions à cœur.

L'Esprit de l'Éternel, du Seigneur, est sur moi,
car l'Éternel m'a oint
*pour **annoncer aux humiliés une bonne nouvelle.***
*Oui, il m'a envoyé afin de **panser** ceux qui ont le **cœur brisé**,*
*d'annoncer aux captifs leur **délivrance***
*et à ceux qui sont prisonniers leur **mise en liberté**,*
*afin de proclamer l'année de **la faveur de l'Éternel** [...]*

Ésaïe 61.1-2a (*Semeur*)

Ce texte a été utilisé par Jésus quand il fit la lecture de la Torah à Nazareth au début de son ministère (Lc 4.18-19). Bien que mourir sur une croix pour le péché de l'humanité ait été le point culminant de l'œuvre du Christ, sa vie quotidienne se résumait à enseigner, à chasser les démons et à guérir les malades. Ces miracles étaient les signes de la restauration qu'il allait apporter à l'humanité[1]. Il a d'ailleurs enseigné à ses disciples à faire de même (Mt 10.8). Cela est toujours vrai aujourd'hui (Mt 28.18-20 ; 1 Co 12.28).

Nous avons tous besoin de recevoir la guérison de notre âme et de notre esprit pour développer tout notre potentiel humain et pour établir des relations saines avec les autres. Que vous soyez une personne qui cherche de l'aide ou un ouvrier qui désire soulager les souffrances des autres, je suis convaincu que la prière de guérison intérieure peut répondre à votre besoin. J'espère donc que ce livre éveillera en vous cette même passion qui m'anime.

1
De grands besoins

La souffrance existe encore au sein de l'humanité même si les conditions de vie se sont améliorées pour la majorité des Occidentaux. Ceux-ci pourraient, en principe, jouir du bonheur et de la réussite. Pourtant, plusieurs obstacles se dressent devant eux. La solitude et le désarroi se cachent derrière des conversations plus ou moins banales où tout semble bien aller. Le médecin est bien placé pour connaître la face cachée de ces visages souriants. Au cours de mes années de pratique en médecine familiale, j'ai eu l'occasion à maintes reprises de démasquer cette souffrance.

Je me suis inscrit à la faculté de médecine afin de devenir psychiatre. Puis, au cours de ma deuxième année à l'université, j'ai découvert le véritable sens du message de Jésus-Christ. En quatrième année, lors de mes stages en psychiatrie, j'ai ressenti que ce milieu était plutôt fermé à la spiritualité chrétienne. J'ai donc décidé de me diriger vers la médecine générale, avec l'intention de consacrer une part de mon temps à la psychothérapie. Mon intérêt pour l'âme humaine s'est même exprimé au cours des sept premières années de ma pratique, années durant lesquelles j'ai été principalement urgentologue. Ainsi, lorsque nous n'étions pas trop débordés à l'hôpital, il m'arrivait de m'asseoir avec les personnes qui avaient fait une tentative de suicide. Le personnel infirmier avait plutôt tendance à être brusque avec ce type de patients lorsqu'il incérait le tube naso-gastrique pour extraire les médicaments qu'ils avaient ingurgités. Il se disait que le malade ne recommencerait pas si on ne lui apportait pas le réconfort qu'il recherchait. Je ne partageais pas cette opinion. Les gens ont désespérément besoin d'amour, comme cette très jeune femme qui était danseuse dans un bar parce que le propriétaire s'intéressait à elle et qu'il lui faisait faire des tours avec son avion privé. Il était évident qu'elle cherchait en lui le père qu'elle n'avait jamais eu.

Je me souviens aussi d'une adolescente bien éduquée qui avait fait, elle aussi, une tentative suicidaire. Elle me disait que sa mère travaillait sans cesse et qu'elle ne s'intéressait pas à elle. Je pensais : « C'est sa perception des choses. Elle dramatise comme font bien des ados. » Sa mère est alors arrivée en coup de vent. Elle m'a dévisagé, puis a fixé sa fille. Puis, elle a dit : « Bon, je vois que tu es entre bonnes mains. » Regardant sa montre, elle a ajouté : « J'ai une réunion. Je repasserai te voir après. » Et elle est repartie aussi vite qu'elle était arrivée. J'étais estomaqué. La jeune fille, très gentille par ailleurs, a fait un léger sourire, mélange de victoire, de honte et de tristesse. « Tu vois ? », m'a-t-elle dit. Je ne savais pas quoi lui répondre.

Lorsque j'ai quitté le milieu hospitalier, je me suis joint à une polyclinique de médecine familiale. J'y ai côtoyé beaucoup de jeunes professionnels. Tout laissait croire qu'un bel avenir se dessinait pour Caroline, une jolie femme de carrière, intelligente et déterminée, qui gravissait facilement les échelons. En tant que directrice du personnel, elle devait souvent annoncer à des employés qu'ils étaient mis à pied lorsque l'entreprise se restructurait. Elle constatait que cela l'affectait peu. Puis, un jour, tout a basculé. Elle a fait une dépression. Pourtant, rien d'apparent n'avait précipité les choses. Je lui ai offert de la suivre en psychothérapie, en plus de lui prescrire une médication antidépressive. Nous avons alors découvert que Caroline tirait toute son énergie de la colère et de la haine suscitées par l'inceste que son grand-père lui avait fait subir et par le refus de ses parents de la croire.

Malheureusement, j'avais souvent entendu ce genre d'histoires. Toutefois, celle-ci était particulière parce que Caroline était tellement perspicace. Elle remettait tout en question et s'interrogeait sur le sens de la vie. En fait, elle cherchait par tous les moyens à s'en sortir, jusqu'à ce qu'elle réalise qu'il n'y avait qu'une issue : pardonner et faire le deuil de sa soif de justice humaine. Puisque son grand-père était décédé, il lui fallait éloigner le trauma de sa conscience en cessant d'extérioriser sa colère sous diverses formes pour crier au monde entier l'injustice qu'elle avait subie. C'est ce qu'elle fit. Mais en pardonnant, elle perdit alors toute l'énergie de sa haine. Sa dépression devint encore plus profonde. Ce n'est qu'après quatre années de combat – et une parole prophétique qui lui a apporté la guérison finale – qu'elle put reconstruire sa vie à partir d'une nouvelle forme d'énergie. L'amour avait émergé. Elle était maintenant libre et radieuse.

La majorité des gens ont des souffrances enfouies dans leur cœur. Cela se reflète dans la société. Au Québec, on a connu des taux de suicide et de rupture conjugale parmi les plus élevés au monde. En Amérique, près d'une personne sur cinq consomme un antidépresseur. Le nombre de médicaments prescrits pour le déficit de l'attention a explosé chez les enfants. La Direction de la protection de la jeunesse est dépassée par la quantité de situations problématiques. Le ministère de l'Éducation n'arrive plus à gérer les élèves turbulents. Le système de soins de santé ne peut plus répondre à toutes les demandes d'aide de guérison intérieure. Des solutions de rechange ont été tentées avec un certain succès : thérapie de groupe, médication, psychothérapie brève. Le milieu médical reconnaît maintenant des formes de médecines parallèles comme la massothérapie, le yoga, la méditation. Peu importe ce qu'on pense de ces techniques, le fait est que la demande d'aide est encore bien supérieure à l'offre de service.

C'est aussi ce que j'ai ressenti après quelques années de pratique. Ma liste de clients qui désiraient une psychothérapie s'allongeait, mais je ne pouvais pas suivre beaucoup de personnes, car chaque thérapie durait entre 3 et 12 mois. De plus, ma performance ne me satisfaisait pas. Elle surpassait sans doute la moyenne de celle des psychothérapeutes chez qui un tiers des clients atteignent leurs objectifs, un tiers les atteignent en partie et un tiers ne les atteignent pas. Cependant, j'aspirais à de meilleurs résultats et surtout à des résultats plus rapides. D'ailleurs, je n'étais pas le seul à ressentir que les méthodes traditionnelles de cure d'âme contribuaient plus à comprendre la source du mal qu'à l'enrayer. Le célèbre psychanalyste québécois Guy Corneau suggérait de dépasser l'écoute psychanalytique traditionnelle et d'accompagner l'aidé dans un processus artistique. Il a déclaré :

> La psychanalyse est un excellent instrument de diagnostic, mais elle ne constitue pas en général une cure efficace. […] Nous allons, selon moi, voir naître moins de thérapeutes que de coachs de vie intérieure qui ne se contenteront plus de comprendre la cause de la peur […][2].

L'apport de la prière de guérison intérieure

Les solutions d'avenir devront permettre à plus de gens de prendre soin des autres. Elles devront être efficaces et peu coûteuses. D'ailleurs, sur ce point, la prière de guérison intérieure (PGI) d'inspiration chrétienne se positionne très bien, puisqu'il ne faut en moyenne que 4 rencontres pour atteindre nos objectifs. En effet, un sondage effectué en 2021 auprès de

77 personnes[3] ayant reçus nos services entre 2013 et 2020 a démontré un haut taux de satisfaction : 64 % des répondants estiment que leurs attentes ont été fortement atteintes, 33 % moyennement atteintes, et seulement 3 % peu ou pas atteintes. Cela dépasse nettement la règle des trois tiers décrite ci-dessus pour la psychothérapie.

La mesure du soulagement des symptômes est similaire avec 65 % des sondés qui ont été fortement soulagés, 34 % moyennement et 1 % peu ou pas du tout. De plus, 96 % d'entre eux se sont sentis très bien accueillis et entourés, 90 % ont jugé avoir été très bien orientés dans le processus. Notons que 5 % des aidés ont suivi une psychothérapie parallèlement à nos rencontres de PGI et 14 % à la suite de notre intervention. Reste que la majorité de nos aidés n'a pas senti le besoin de consulter un autre aidant.

La PGI contribue, de plus, à la vitalité spirituelle des croyants nés de nouveau par la foi en Jésus-Christ. Selon notre sondage, 61 % des aidés estiment fortement, et 30 % moyennement, qu'ils sont devenus de meilleurs disciples. La restauration apportée par la PGI a aussi permis à plusieurs chrétiens paralysés par la souffrance de redevenir actifs, de servir leur communauté et d'entrer dans leur destinée. Cet objectif a été atteint fortement chez 32 % des répondants à notre sondage et en partie chez 57 % d'entre eux.

Qu'est-ce donc que la prière de guérison intérieure ? La PGI combine la prière et la relation d'aide pastorale. Nous prions le Dieu trinitaire des chrétiens, c'est-à-dire un Dieu unique ayant trois sous-personnalités, si l'on peut dire. Chaque personnage donne accès aux autres, puisqu'il n'y a qu'un seul Dieu. Chacun des trois a une mission spécifique. Le Père est à l'origine de tout. Il est la volonté suprême et la figure d'une paternité bienveillante. Le Fils est le modèle humain de la perfection. Il s'est incarné pour subir la condamnation du péché à notre place afin que nous ayons accès à Dieu et que nous soyons sauvés de la mort, de la maladie et des démons. Le Saint-Esprit agit comme agent de communication et il anime la vie de Dieu en nous.

La PGI peut être pratiquée dans divers contextes. En bureau, nous programmons des rencontres de deux heures au cours desquelles une personne aidée, accompagnée de deux personnes aidantes, invoque la présence de Dieu et se met à son écoute pour accéder à des révélations permettant de prier pour le corps (dysfonction du cerveau, maladies), l'âme (émotions, attachements, volonté) et l'esprit (mentalités, emprise démoniaque) afin de recevoir la guérison (soulagement des souffrances, modification des pensées et du comportement) et la délivrance (du péché et de mauvais esprits).

Tous ces aspects nous permettent de voir la personne dans sa globalité et d'aborder des aspects qui ne sont pas explorés par les intervenants du monde séculier, comme les phénomènes relevant de la sphère spirituelle. En effet, certaines personnes nous rapportent des expériences paranormales. D'autres ont été ciblés par des actes de sorcellerie. Nous observons également dans certaines familles des problèmes précis qui se répètent de génération en génération[4].

Pour mieux évaluer l'approche globale de la PGI, prenons par exemple une personne souffrant d'un syndrome post-traumatique. L'intensité émotionnelle ressentie au moment du trauma aura empêché notre aidé de bien mémoriser l'événement. La conscience ne possédera qu'une partie de l'information. Si nous voulons guérir les souvenirs de cette personne, il nous faudra d'abord corriger cette dysfonction sur le plan physique en rassemblant les fragments de souvenirs qui se sont éparpillés en divers endroits du cerveau. Des techniques comme l'EMDR

(*Eye Movement Desensitization and Reprocessing*) y parviennent. Toutefois, la PGI en fait tout autant. Par exemple, en 2013, on m'a demandé de prier pour un homme lors d'une conférence à laquelle j'assistais en Ontario. Celui-ci avait été témoin d'un accident de hors-bord qui avait occasionné la mort de sa sœur. Il ne se souvenait que partiellement de l'événement. Cependant, il savait que tout de suite après la tragédie, il avait quitté le Québec pour la province voisine et qu'il s'était mis à travailler beaucoup et à prendre de l'alcool pour engourdir sa douleur. Avec sa permission, j'ai appliqué mes mains sur sa tête et j'ai demandé au Seigneur de rassembler les événements oubliés afin qu'il puisse recevoir la guérison. Immédiatement, il a fondu en larmes et il s'est effondré dans mes bras. Il revoyait toute la scène. Je pouvais donc maintenant prier pour sa guérison émotionnelle.

Nous voyons dans cet exemple que la prière permet de toucher le corps tout comme l'âme. Il arrive même que des esprits de trauma doivent être chassés dans de telles situations. Nous en reparlerons plus loin. Disons pour l'instant que la PGI offre un éventail de possibilités qui touchent tous les aspects de l'humain.

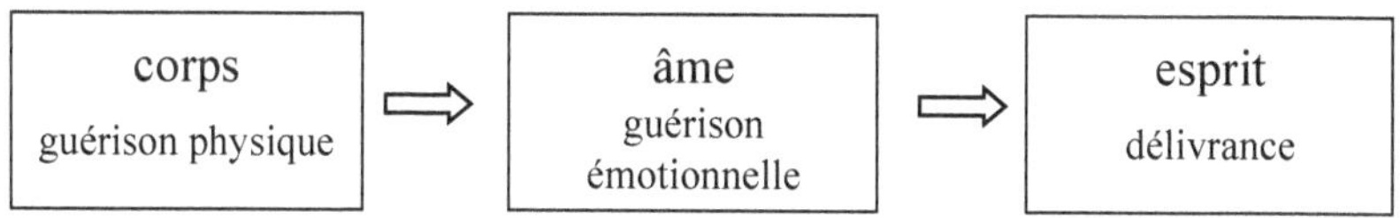

La particularité de la PGI est que nous mettons Dieu au centre. C'est lui qui est l'intervenant principal. Les aidants ne font que conduire l'aidé au Seigneur. C'est la nature spirituelle et miraculeuse de cette intervention qui la rend si efficace. Ainsi, la PGI est une approche pastorale qui s'appuie sur la foi et la théologie chrétiennes. Elle n'est pas de la psychothérapie[5].

Selon le Code des professions du Québec, un psychothérapeute doit :

1) établir un processus interactionnel structuré avec le client ;

2) procéder à une évaluation initiale rigoureuse ;

3) appliquer des modalités thérapeutiques basées sur la communication ;

4) s'appuyer sur des modèles théoriques scientifiquement reconnus et sur des méthodes d'intervention validées qui respectent la dignité humaine[6].

Jacques Debigaré, docteur en psychologie et enseignant universitaire, définit la psychothérapie comme :

> [...] la spécialité qui permet d'intervenir directement sur l'interaction problématique pour y favoriser une adaptation souple et détendue. Elle présuppose l'existence de deux volets indissociables,
>
> a) l'établissement d'une relation protectrice et rééducative chaleureuse et saine qui stimule l'abandon confiant du client et
>
> b) la saisie articulée de la dynamique individuelle grâce à une connaissance approfondie des effets que les humains ont les uns sur les autres dans leur rapport de survie intime et sociale[7].

La prière de guérison comporte des interactions humaines et une certaine connaissance de l'aidé. Toutefois, en PGI, l'aidé fait d'abord confiance à Dieu, et c'est vers lui que les regards se portent pour recevoir des révélations sur la vie de l'aidé. Dans ce type d'intervention, le Seigneur fait partie de l'équation avec l'aidé et les aidants.

Les personnes qui sont à l'écoute de l'Esprit et qui ont acquis un minimum de notions théoriques peuvent donc œuvrer efficacement en PGI. Cela dit, nous ne croyons pas que des connaissances poussées soient un handicap, tant que l'aidant reste humble et soumis au Seigneur. Selon nous, l'essentiel est de compter sur l'œuvre divine plutôt que sur les compétences humaines.

Également, cette approche centrée sur Dieu fait en sorte que nous n'avons pas à nous préoccuper du transfert et du contre-transfert[8], d'autant plus qu'il est très rare que l'aidé devienne dépendant de l'aidant en PGI à cause de la courte durée des interventions. À l'opposé de la psychanalyse, la prière chrétienne de guérison intérieure n'est pas une introspection prolongée du vieil homme. Dieu connaît tous les instants de la vie de l'aidé. Il est éternel et omniscient. Il sonde les âmes et nous conduit rapidement au cœur des problèmes. En fait, la PGI est plus qu'une thérapie. Elle est avant tout une démarche de croissance, de libération et de sanctification conduisant à une vie nouvelle victorieuse en Jésus-Christ.

Des aidés qui connaissaient les approches du nouvel âge, de l'hypnose et de la programmation neurolinguistique ont décelé des points communs entre notre façon de visualiser et ces techniques. Pourtant, la PGI n'est pas un processus psychique comme le sont ces méthodes. De plus, notre approche spirituelle ne canalise pas les énergies qui sont autour de nous ou en nous. Nous n'opérons pas à partir de formules magiques ou d'incantations. Notre Dieu est personnel, à la fois transcendant (en dehors de nous) et immanent (à l'intérieur de nous). Il nous guide par le Saint-Esprit, que les croyants reçoivent par la foi en Jésus-Christ lors de la nouvelle naissance.

Les non-croyants n'ont pas l'Esprit saint, mais Dieu peut quand même les guérir. Certains de nos aidés n'étaient pas chrétiens et d'autres, qui professaient la foi, traversaient des périodes de remises en question intenses. Je me souviens, par exemple, d'une femme qui posait toutes sortes de questions existentielles profondes. Elle parlait à Jésus depuis son enfance et elle se définissait comme une chrétienne « chambranlante ».

Elle était suivie depuis des années en psychothérapie, et sa nouvelle psychologue lui enseignait des principes bouddhistes. Elle était en colère contre Dieu. Nous lui avons donc donné l'occasion de parler directement avec lui de cette colère. Cela a déclenché une rencontre puissante avec le Seigneur. Aussi, a-t-elle apprécié notre offre de s'allonger sur la causeuse plusieurs minutes à la fin de la séance.

La réconciliation qu'a vécue cette femme avec Dieu – voire la conversion, puisque je ne suis pas certain qu'elle était née de nouveau – lui a apporté une guérison remarquable. D'ailleurs, elle a par la suite décidé d'elle-même de mettre fin à sa relation avec sa psychologue. Elle décrit aujourd'hui sa guérison comme « un soulagement bienfaisant et régénérateur par lequel les coups durs de la vie se sont envolés sur les épaules de Christ. » Elle mentionne que la dernière séance lui a procuré « un grand apaisement et une douce conviction d'être l'enfant bien-aimée de Dieu ». Elle ressent qu'elle n'est plus aussi « empêtrée dans son questionnement humain. » Enfin, elle dit dans son dernier courriel : « votre foi en action (comme Jacques en parle dans son épître) reste pour moi un des plus beaux témoignages de transmission de l'amour de Notre Père. »

Je crois donc que la PGI soulage bien des souffrances. En effet, l'approche globale et rapide de la PGI, qui touche le corps, l'âme et l'esprit, est assez exceptionnelle. La médecine ne cesse de nous apporter de nouveaux moyens d'aider les gens dans le domaine physique, mais elle est moins efficace pour agir sur la source des souffrances de l'âme et de l'esprit comme le rejet, la honte, la colère, la perte d'estime, la désillusion, la perte de sens, la solitude et la déconnexion. Apporter une réelle guérison exige plus que de diagnostiquer une dépression à partir des symptômes qu'on observe, puis de prescrire une médication qui donnera une sensation de bonheur. Le mal est plus que les manifestations détectées, plus qu'un phénomène biochimique ou qu'une sensation corporelle. D'ailleurs, la personne malheureuse n'est pas toujours cliniquement (critères diagnostiques) et biologiquement (carences de neurotransmetteurs) déprimée. Même en présence d'une altération physique comme dans le cas de la dépression, la solution au problème du mal exige davantage que la guérison du corps.

La PGI va plus loin que la dimension physique. Elle fournit à l'aidé les moyens de trouver le repos intérieur. Elle lui donne l'occasion d'approfondir sa relation avec Dieu. Elle lui permet de donner un sens à sa vie. Elle agit, de plus, sur l'aspect social en invitant l'individu à établir de saines relations avec les autres et à s'intégrer dans une communauté aimante. En effet, les êtres humains ont de la difficulté à suivre le rythme des transformations technologiques et sociopolitiques qui se sont multipliées de façon exponentielle depuis un siècle ou deux. Plusieurs sentent qu'ils ne contrôlent plus leur milieu. L'insécurité généralisée face à l'avenir du monde est palpable. Dans ce contexte, l'appartenance à une communauté chrétienne peut être d'un grand secours.

Finalement, la PGI permet de recourir à des armes spirituelles. Le Nouveau Testament rapporte des cas d'exorcisme. D'ailleurs, vous pourrez lire dans ce livre divers témoignages qui montrent que les démons existent encore. En fait, le christianisme affirme que le mal a débuté avec le péché originel quand Satan, le prince des démons, a détourné l'être humain de son Créateur pour lui proposer de définir lui-même le bien et le mal. Tout cela a corrompu profondément notre nature. Le mal nous a pénétrés comme un poison. Par le péché, il est maintenant en chacun de nous. Et si le mal nous atteint de l'extérieur comme un virus, nous en sommes aussi des vecteurs contagieux, car nous sommes blessés et nous blessons les autres en retour. Nous sommes souvent incapables de combler les autres et ressentons qu'ils sont incapables de nous combler. Heureusement, il y a un espoir pour l'esprit ainsi que pour l'âme et le corps. Nous pouvons nous tourner vers Dieu et lui demander de nous guérir.

2
Le miraculeux

> *Dans les miracles, il y a assez de lumière pour ceux qui veulent croire, mais assez d'obscurité pour ceux qui ne le veulent pas.*
>
> BLAISE PASCAL

Un miracle est un « événement extraordinaire qui ne peut se produire naturellement[9] », un « fait positif extraordinaire, en dehors du cours naturel des choses, que le croyant attribue à une intervention divine providentielle et auquel il donne une portée spirituelle[10]. » Certains professionnels savent faire cohabiter en eux la pensée scientifique et la foi. D'autres les trouvent incompatibles et ne croient pas aux miracles.

Un véritable scientifique a pour objectif d'accroître le savoir de l'humanité sur le monde observable. Pour cela, il doit adopter une méthode expérimentale rigoureuse en isolant des variables pour établir des liens de cause à effet. Il se doit d'être objectif et ouvert à toutes les possibilités. Il doit constamment douter des conclusions établies jusqu'ici par les autres afin de repousser toujours plus loin son champ de connaissance. Par exemple, la théorie de la relativité d'Albert Einstein n'aurait pas vu le jour si ce dernier n'avait pas remis en question les lois physiques décrites par Isaac Newton.

Lorsque certains phénomènes ne s'expliquent pas par les lois naturelles généralement admises par la science, le scientifique optimiste et matérialiste dira qu'on trouvera un jour une explication plausible, récusant ainsi la possibilité même de tout phénomène miraculeux. Par contre, d'autres chercheurs, tout aussi rigoureux, admettront l'existence de forces invisibles qui sont pourtant difficilement perceptibles et mesurables par l'observation empirique. Il faut, cependant, avoir beaucoup d'ouverture pour arriver à une telle position. J'ai moi-même dû composer avec ce dilemme apparent entre la science et la foi. J'ai découvert au cours de mon périple plusieurs bonnes raisons de croire en Jésus-Christ, souvent d'ailleurs, en lisant des ouvrages écrits par des hommes qui s'étaient convertis en essayant de prouver que le christianisme était une croyance absurde.

Je trouvais que le message chrétien avait du sens. J'avais aussi compris qu'une adhésion intellectuelle aux dogmes chrétiens ne suffisait pas pour entrer dans le Royaume de Dieu. J'étais attiré par le message, par la personnalité et par la vie de Jésus. Le Saint-Esprit me révélait le sens de ses paroles quand je lisais la Bible. Tout mon être, mon intellect et mes émotions désiraient connaître Jésus et se jeter dans les bras du Père céleste. Naître de nouveau est une quête qui exige un abandon, une confiance en Dieu. Cette démarche n'a rien de scientifique, mais je ne la qualifierais pas de naïve. C'est une approche relationnelle. Saint-Anselme disait qu'il faut d'abord croire si l'on veut comprendre.

Il y a une certaine ambivalence en chacun de nous entre l'intuition et la raison, entre la foi aux miracles et notre réalisme le plus terre à terre, entre notre pensée adulte et notre cœur d'enfant. Certains voient les limites de la conscience de l'enfant d'une manière négative. Pourtant, sa perception simple et concrète des choses lui donne la capacité de rêver, de s'émerveiller, de faire confiance et de croire à l'impossible. Cette faculté ne disparaît jamais totalement chez l'adulte. Bien que la vie de tous les jours exige que nous soyons réalistes et rationnels, nous aimons aussi nous évader dans un monde imaginaire. J'ai d'ailleurs observé cette cohabitation de la pensée rationnelle et de la pensée magique chez mes patients. D'un côté, ils me consultaient parce qu'un médecin s'appuie sur des données empiriques ; d'un autre côté, ils avaient souvent des attentes totalement irréalistes et ils exigeaient de moi des pilules miracles !

Cette même dynamique survient lorsque nous offrons la prière à des adultes. Quelque chose en eux veut croire aux miracles, mais leur côté rationnel leur dit que les miracles n'existent pas. Cette ambivalence se retrouve autant chez les personnes qui fréquentent une Église chrétienne que chez celles qui s'affichent ouvertement non-croyantes. L'histoire de John le démontre bien.

En 2013, je suis allé aux États-Unis avec quelques amis pour une formation axée sur la guérison et l'évangélisation. En plus de suivre des cours intensifs, nous devions mettre nos notions en pratique. Pour cela, une sortie à Baltimore a été organisée. Nous nous sommes dispersés dans les rues et y avons passé la journée. J'y ai rencontré John, un jeune homme paraplégique qui se disait chrétien et qui croyait que Jésus guérissait les malades encore aujourd'hui. Il a accepté que je prie pour sa guérison. Cependant, lorsque j'ai relevé les appuie-pieds de son fauteuil roulant parce que je m'attendais à le voir marcher sur le champ, il s'est écrié : « Eh ! là, vous ne pouvez pas faire cela ! Mon médecin a dit que je ne marcherais jamais. » J'ai compris alors que nous pouvons rêver de guérison, croire à un certain concept, mais ne pas aller jusqu'au bout de notre démarche. J'ai également compris la puissance que pouvait avoir un pronostic médical sur une personne. Ce jeune homme avait accepté l'identité de paralytique. Il était lié par la parole de son médecin à laquelle il avait cru davantage qu'à la Parole de Dieu. Pourtant, le miraculeux est possible si l'attente d'une guérison surnaturelle repose sur un Dieu réel qui prend plaisir à nous délivrer du mal. Les manifestations divines dépendent de quatre choses : la volonté de Dieu d'agir, la foi de l'aidé, la foi de l'aidant, et l'onction divine qui se manifeste sur certains chrétiens ou sur une communauté pour communiquer la guérison.

Il arrive parfois que même les sceptiques reçoivent la grâce d'être guéris. Henriette, une dame âgée parmi mes clientes, se définissait comme une athée pure et dure. Elle souffrait d'un ulcère variqueux à la cheville. J'avais utilisé tout un arsenal de pansements pour l'aider. Plusieurs infirmières de la région avaient essayé diverses recettes. On avait même importé un appareil de succion pour vider la plaie et stimuler l'épithélium. Rien à faire, l'ulcère refusait catégoriquement de guérir. Or, il m'arrivait parfois de proposer la prière à mes clients lorsque la médecine n'avait plus rien à leur offrir. Henriette refusait, et elle se moquait de moi. Cependant, après des mois de souffrance, elle acquiesça d'un ton un peu hautain, comme si elle disait : « Essaie toujours ! On verra bien si ton Dieu est capable. » J'ai donc prié très simplement en sa présence. La semaine suivante, lorsque je la revis au bureau, son ulcère s'était complètement refermé. Pourtant, elle ne donna pas gloire à Dieu. Elle chercha plutôt à fournir une explication matérialiste à sa guérison.

Gilles est un autre de mes clients qui n'est pas arrivé à comprendre que Dieu était l'auteur du miracle qu'il a vécu. Un jour, il se présenta au sans rendez-vous et demanda à me voir, car j'étais son médecin de famille. Quelques minutes plus tôt, il était hospitalisé pour une cirrhose en phase terminale. Son spécialiste venait tout juste de lui dire qu'il avait seulement 20 % de chance de sortir vivant de l'hôpital. En panique, il avait signé un refus de traitement et s'était dirigé immédiatement vers mon bureau. Je lui ai dit : « Mon cher Gilles, s'ils ne peuvent plus rien pour toi à l'hôpital, comment penses-tu que moi, je puisse te soigner ici ? » Cependant, j'ajoutai : « Je suis croyant et je peux prier pour toi si tu le veux, car je sais que Dieu peut faire des miracles. » Il me regarda d'un air dédaigneux et se leva pour sortir. Puis, il s'immobilisa dans le cadre de la porte et fit volte-face : « Après tout, dit-il, je n'ai rien à perdre. » Je me suis approché de lui. Je lui ai imposé les mains avec sa permission et j'ai demandé à Dieu de le guérir. Puis, avec plus d'autorité, j'ai commandé à la maladie de le quitter. Gilles a senti alors une chaleur dans tout son corps. En fait, il se sentait tellement bien qu'il ne voulait plus quitter le bureau. Après quelques minutes, je lui ai remis un formulaire pour une nouvelle prise de sang. Une semaine plus tard, je lui ai téléphoné pour lui dire que tous les paramètres biologiques s'étaient normalisés en comparaison de ses dernières analyses sanguines. Il retourna voir ses médecins spécialistes, qui firent le même constat que moi. Malgré cela, Gilles ne s'est pas converti. Puisse-t-il un jour reconnaître Jésus comme son sauveur !

Malheureusement, le miraculeux n'amène pas toujours les gens à s'émerveiller et à chercher Dieu davantage. Ceci me montre que la conversion aussi est un miracle. Il y a des gens qui me disent : « J'aimerais croire moi aussi, mais j'en suis incapable. » Cette capacité de faire confiance à Dieu n'est pas naturelle. Il faut la demander. *Demandez, et l'on vous donnera ; cherchez, et vous trouverez ; frappez, et l'on vous ouvrira*, dit Jésus (Mt 7.7). Tout adulte peut dire à Dieu : « Si tu existes, manifeste-toi à moi ; ouvre mes yeux afin que je te voie. » Dieu peut nous donner un cœur d'enfant. C'est essentiel, car le Royaume de Dieu est pour ceux qui ressemblent aux petits enfants (Lc 18.16). Leurs prières sont simples, mais efficaces.

J'ai d'ailleurs constaté qu'il y a des peuples qui s'ouvrent plus facilement au surnaturel parce qu'ils ont un cœur simple. Par exemple, j'ai fait il y a quelques années deux voyages missionnaires au Brésil avec l'organisme *Global Awakening*. Randy Clark ou un autre responsable annonçait l'Évangile.

Ensuite, une équipe d'environ 80 personnes, dont ma femme et moi, priait pour les malades pendant le reste de la soirée. Trois fois, j'ai prié pour des personnes paralysées à la suite d'un accident vasculaire cérébral (AVC). Chaque fois, j'ai vu ces personnes être instantanément guéries devant moi. De son côté, Diane avait du succès en priant pour les sourds. Les autres stagiaires expérimentaient aussi tous la même chose. C'était magnifique.

La guérison des cœurs

Dieu ne guérit pas seulement le corps. Il peut aussi guérir l'âme et l'esprit. Comme médecin qui s'intéressait à la psychothérapie et à une approche médicale globale, j'ai lu sur la relation d'aide de manière autodidacte et j'ai assisté à des conférences sur le sujet. En mars 1996, je suis allé à une conférence sur les traumatismes organisée par des sommités mondiales de l'Université Harvard. Au cours de ce congrès, le docteur Steven Lazrove a présenté une approche qu'il avait mise au point, l'EMDR. La technique semblait simple et permettait de soigner les troubles de mémoire découlant des traumatismes psychologiques. Or, je me suis retrouvé dans une situation où j'ai décidé de faire appel à cette nouvelle discipline.

En effet, dès mon retour, une jeune fille se présenta à mon bureau. Elle habitait temporairement dans une institution gouvernementale[11]. Ses parents, dépassés par les événements, l'avaient confiée à des intervenants, car elle se levait la nuit, se mettait à crier, puis s'enfuyait en courant dans les rues, tout en restant totalement inconsciente. Malheureusement, cela continua en institution. Elle était grande et courait vite. Il était donc très difficile de la rattraper. Elle n'avait aucune idée pourquoi elle faisait cela. Comme médecin chrétien, je priais lorsque je me retrouvais dans des situations difficiles. C'est alors que j'ai pensé à l'EMDR.

Mises à part les explications et la vidéo présentées à Boston, je n'avais pas été formé pour utiliser cette technique et je ne connaissais personne qui pratiquait cette toute nouvelle approche au Québec. J'ai donc décidé d'imiter ce que faisait le docteur Lazrove dans la vidéo. En une seule rencontre, tous les souvenirs de la jeune fille qui avait été perdus à cause du trauma ont refait surface. Elle a cessé immédiatement de se lever la nuit, et une psychothérapie classique a pu être entreprise par ses intervenants. La réaction de ceux-ci a été amusante : ils m'ont pris pour un magicien et ils ont eu peur de moi ! Cette expérience avec l'EMDR m'a fait comprendre que certaines approches pouvaient donner des résultats plus rapides que la psychothérapie traditionnelle.

Puis, j'ai découvert la prière de guérison intérieure en lisant *L'âme, cette oubliée* de Leanne Payne. Je dois avouer que j'ai d'abord pensé que cette démarche était trop mystique. C'est en relisant cet ouvrage, en 1997, que j'ai commencé à comprendre une dimension de la cure d'âme qui dépassait la simple intervention psychique. Je comprenais qu'il était possible, par la prière, de faire aussi bien et aussi vite qu'avec l'EMDR, et cela, sans même bouger un doigt[12] ! Payne invitait Jésus dans les souvenirs que le Saint-Esprit rappelait, et les aidés recevaient alors de belles guérisons. Toutefois, plusieurs années se sont écoulées avant que tout cela ne devienne concret pour moi. En effet, l'auteure racontait les histoires de ses patients, mais elle ne présentait pas de manière structurée une méthode pour exercer la PGI.

Malgré l'absence de formation précise, j'ai pu expérimenter ce dont parlait Payne. En effet, j'avais fait un rêve concernant une de mes patientes. Il n'y avait aucune image. Seulement une voix douce qui disait : « Il y a un secret dans la famille McNeil. » Je n'avais qu'une seule famille de ce nom dans ma clientèle. J'en soignais les grands-parents jusqu'aux petits-enfants. À la suite de ce rêve, j'ai tenté de savoir quelque chose par des questions détournées lorsque le couple de la deuxième génération s'est présenté à mon cabinet, mais en vain. Je leur ai donc raconté mon rêve. La dame, d'abord tout étonnée, s'est tournée vers son mari et lui a demandé : « Est-ce qu'on lui dit ? » Puis, elle a partagé son secret. Elle avait été victime d'inceste, ce qui l'amenait à faire le même cauchemar presque toutes les nuits : une face noire et laide s'approchait d'elle et la menaçait. Je lui ai alors offert de me rencontrer pour ce problème.

Mon but était de remonter à la source du cauchemar et d'apporter la guérison à partir de là. Ma cliente se disait croyante, mais elle n'était pas née de nouveau. Je lui ai demandé si elle voulait essayer une approche au cours de laquelle elle se représenterait son cauchemar pour ensuite inviter Jésus à venir dans ce mauvais rêve. Elle acquiesça et vit alors l'horrible face. Elle se mit à trembler de peur. Toutefois, l'image sombre commença à se dissiper lorsqu'elle invita Jésus. En effet, des barres de couleur semblables à celles qui apparaissaient dans les vieux écrans de télévision analogues défectueux se mirent à brouiller la vision. Puis, le visage vint à disparaître complètement et fut remplacé par celui de Jésus tout souriant, ce qui amena la femme à pleurer de joie. Elle pardonna ensuite à son agresseur. Cette dame fut définitivement délivrée de ses cauchemars sans aucune autre intervention.

En 2001, le vécu de ma femme m'a aussi aidé à comprendre l'importance des dons de révélation dans la pratique de la PGI. Notre pasteur baptiste s'intéressait aux dons de l'Esprit, et cela a amené Diane à participer à une rencontre charismatique à laquelle d'autres femmes de l'Église assistaient. À un certain moment, la conférencière a prié pour que les participantes reçoivent un cœur de bergères. Ma femme a senti un vent souffler sur elle. Elle ne savait que penser. Il n'y avait pas de bouche de ventilation à proximité, et les femmes à côté d'elle ne sentaient rien. Elle a donc compris que le Seigneur venait de la visiter. Puis, il lui a dit qu'il l'appelait au ministère prophétique. L'année suivante, elle a participé à nouveau à cette conférence. À la fin de la retraite, les femmes de notre Église ont demandé à la conférencière de prier pour elles de manière plus personnelle. Diane s'est approchée et a reçu le baptême du Saint-Esprit. Le Seigneur lui a alors aussi confirmé son appel.

Je voyais bien qu'il s'était produit quelque chose de majeur en Diane, car elle était plus déterminée qu'auparavant. J'observais que ses prières devenaient plus précises et plus efficaces. Il y avait aussi un phénomène qui m'intriguait. En effet, lorsque je priais pour une personne à notre Église, les gens me disaient gentiment merci, tandis qu'ils étaient très touchés par des propos très semblables prononcés par ma femme seulement quelques secondes après les miens. J'aurais pu m'en offusquer. Toutefois, je comprenais qu'il y avait là une intervention de l'Esprit, une onction particulière qui accompagnait ses prières.

Diane et moi avions aussi l'occasion de prier pour des gens lorsque j'étais invité comme conférencier en divers endroits. Entre 2000 et 2009, j'avais écrit des livres sur la sexualité dans lesquels j'expliquais l'importance d'attendre le contexte idéal du mariage pour avoir des relations sexuelles. Diane m'accompagnait dans mes déplacements, et nous avions l'occasion de prier ensemble pour les participants, pour nos hôtes et pour divers leaders. Or, nous avions constaté que nos prières apportaient souvent la guérison intérieure. J'avais alors compris que notre façon de faire du ministère rejoindrait dorénavant celle de madame Payne. Toutefois, il a fallu un certain temps pour que je modifie mon approche professionnelle.

Le véritable tournant de ma pratique s'est fait en 2007. Je suivais Pierre depuis presque un an en psychothérapie. Il venait à la maison où j'avais aménagé un bureau pour recevoir les gens. Nous discutions régulièrement des conflits qui l'habitaient, et il semblait chaque fois que nous avions trouvé un filon intéressant qui lui apporterait la guérison. Il était encouragé lorsqu'il quittait les séances. Cependant, la fois suivante, il revenait avec la même attitude, et ses comportements destructeurs persistaient. Aussi, devant l'impasse, avais-je demandé à Pierre, qui était chrétien, s'il accepterait que ma femme se joigne à nous, en lui précisant que nous avions une méthode axée sur l'écoute de Dieu. Il a accepté.

Durant le temps d'écoute du Saint-Esprit, Diane a eu une vision à partir d'Ecclésiaste 12.6, verset de la Bible que l'on cite rarement. Celui-ci est une métaphore qui compare la mort à la rupture d'un cordon d'argent. Elle a simplement dit à Pierre qu'elle voyait un fil d'argent se rompre et qu'elle le voyait tomber dans le vide. Puis, ce fut un long silence. Pierre réfléchissait. Diane attendait. Et moi, j'étais mal à l'aise. Je me disais : « C'est n'importe quoi ! » Je regrettais d'avoir invité Diane, quand Pierre s'exclama avec une agitation inhabituelle : « C'est exactement ça ! » J'étais perplexe. « Ça, quoi ? » Puis, il précisa qu'il venait de se souvenir d'une blessure qui remontait à son adolescence. Ses parents et les responsables de sa communauté chrétienne n'avaient pas cru sa version des faits à propos d'une situation difficile qu'il avait vécue. Ce jour-là, sa confiance envers les autorités, envers les adultes et envers Dieu s'était rompue. À cause de cela, il était devenu rebelle et il était tombé dans plusieurs dépendances. Nous avions mis le doigt sur la clé de sa guérison. Le cheminement de Pierre fut plus encourageant par la suite. Peu après, une autre belle guérison est survenue pour un couple qui avait dépensé beaucoup d'argent pour consulter des thérapeutes au Canada et aux États-Unis. Sans succès ! Or, Diane, moi, et surtout le Seigneur, leur avons apporté une aide précieuse.

J'ai donc compris la grande valeur du trio formé par le Seigneur, Diane et moi. Je voyais le potentiel incroyable que représentait la prière de guérison intérieure. J'ai dit au Seigneur : « Si tu veux nous donner l'onction pour apporter la guérison à plus de gens et cela plus rapidement que par les méthodes traditionnelles, je suis prêt à laisser tomber la psychothérapie pour ne compter que sur la PGI pour soulager la détresse humaine. »

Une autre histoire miraculeuse s'est alors produite, qui confirma ma décision. Un couple de notre Église n'arrivait pas à être en relation avec un de leurs enfants. Ce garçon refusait tout contact physique. Cela les peinait beaucoup. En priant avec ces malheureux parents, le Saint-Esprit nous révéla que le problème était relié à l'enfance du garçon, époque où il avait subi les contrecoups de l'alcoolisme et de la violence de ses parents. Ceux-ci demandèrent pardon à Dieu; puis, nous avons prié pour un changement d'attitude du fils. L'enfant en question était chez lui. Il ne savait pas que ses parents étaient venus prier avec nous. Lorsque ceux-ci arrivèrent à la maison et ouvrirent la porte, il est venu vers eux et leur a sauté dans les bras ! Un tel phénomène ne peut pas s'expliquer sur une base psychologique. Quelque chose s'était produit dans le monde invisible ! J'ai donc décidé en 2007 de faire un virage vers la PGI. Ce fut la fin de 24 années de pratique de la psychothérapie.

Reste qu'il me fallait mettre au point divers outils pour pratiquer la PGI. Je dévorais tous les livres de Leanne Payne pour en extraire les principes qu'il me fallait glaner à travers ses histoires pour systématiser une approche. Comment converser avec le Seigneur afin de recevoir des informations suffisamment précises qui aboutiraient à des prières pertinentes ? Dieu devait-il parler à l'aidé ou aux aidants ? Que devions-nous faire avec les souvenirs traumatiques une fois que Dieu les révélait ? Comment la guérison découlerait-elle de cette approche ? Comment fonctionnait le monde spirituel ? Je sentais que les connaissances psychanalytiques et neurobiologiques de mon ancien champ de pratique n'étaient pas totalement inutiles, mais qu'elles devenaient secondaires. En effet, mes nouveaux outils me permettraient d'influencer dorénavant la sphère de l'âme et de l'esprit grâce avant tout à une intervention divine.

Toujours en 2007, le pasteur de notre Église nous a nommés responsables du ministère de la prière. Nous avons alors commencé à former des bénévoles capables de prier lors des réunions de la communauté ou d'entrevues individuelles en PGI. J'ai rédigé un premier manuel de formation. Nous pratiquions entre nous. Toutefois, ces activités ont ralenti lorsque j'ai été nommé ancien et que mes responsabilités se sont multipliées.

Plus tard, l'occasion s'est présentée de mettre sur pied un véritable service d'aide utilisant la PGI comme approche. Un jeune pasteur qui avait collaboré avec moi dans mon ministère d'enseignement de la sexualité venait d'être nommé responsable d'une communauté en pleine croissance. Nous avions beaucoup d'idées en commun. Aussi, Diane et moi avons-nous décidé en 2012 de déménager à Québec afin de nous joindre à son Église. Cela n'était pas encore fait qu'un poste de pasteur adjoint était créé pour aider mon ami. Il me conseilla de poser ma candidature, et j'ai été engagé à temps partiel. J'ai fait mes adieux à ma clientèle de la Rive-Sud de Montréal. C'était difficile pour mes patients comme pour moi. Cependant, si mon départ était une séparation déchirante pour certains, il a tout de même permis à plusieurs de découvrir que j'étais un chrétien engagé. De nombreuses fois, je les ai entendus dire en leur apprenant la nouvelle : « Ah ! c'était donc cela qui rayonnait en vous ! »

J'ai commencé une pratique médicale quelques jours par semaine dans la région de Québec. En diminuant mes heures consacrées à la médecine, je pouvais offrir mes services à mi-temps à cette Église qui m'avait reconnu comme un de leurs pasteurs. J'y ai organisé le service de PGI, et Diane et moi avons rédigé une seconde version du cours de formation. Des étudiants ont commencé à nous accompagner pour observer les rencontres, puis à les diriger eux-mêmes sous supervision. La demande était forte, et les résultats encourageants.

Nous avons constamment perfectionné notre approche. Ainsi, nous avons ajouté des prières pour la délivrance, car il y avait de grands besoins de ce côté. Nous avons aussi adapté les séances lorsque des enfants consultaient. Un autre défi concernait l'équilibre entre l'écoute de l'aidé et des aidants. En effet, l'onction de Diane grandissait tellement qu'il lui arrivait souvent d'avoir des révélations avant même que l'aidé ne les ait reçues. Après avoir réfléchi à notre priorité, j'ai compris qu'il était préférable que le Saint-Esprit parle directement aux aidés. En effet, ceux-ci sont davantage convaincus de la valeur des informations reçues lorsqu'ils les entendent eux-mêmes. L'écoute des aidants n'a pas totalement été mise de côté pour autant. Ces révélations sont utiles pour appuyer ce que l'Esprit dévoile à l'aidé et pour dénouer des impasses.

J'ai aussi découvert l'approche « Emmanuel » du psychiatre Karl D. Lehman. Il avait, lui aussi, pratiqué la psychothérapie traditionnelle, puis découvert l'EMDR avant d'opter pour une approche de prière de guérison très semblable à la nôtre. Dr Lehman avait, cependant, développé plus que nous la notion de connexion[13] pour que l'aidé puisse bien entendre la voix de Dieu. Nous avons donc intégré à notre approche les outils qu'il suggérait pour débloquer une mauvaise connexion.

Le fait que la PGI repose avant tout sur l'écoute de Dieu m'a causé de l'insécurité au début. Je me demandais ce que je ferais si le Saint-Esprit ne parlait pas. Je n'avais pas de plan B. Parfois, il fallait attendre un certain temps, écouter plusieurs fois pour comprendre le sens de ce qu'il nous montrait, mais il finissait toujours par nous guider. Je me souviens en particulier d'un événement qui a fait disparaître mes doutes à jamais. Angèle et Martin nous consultaient parce qu'elle était violente envers lui sans savoir pourquoi. Nous avions bien eu quelques images, mais nous n'arrivions pas à progresser. J'ai alors eu l'idée de demander à Martin, qui était là pour accompagner sa femme, s'il percevait quelque chose. Il avait effectivement reçu une vision. Il avait vu une petite fille de 8 ans se tenir devant le portail d'une maison qu'il ne connaissait pas. L'endroit qu'il décrivait était en fait relié à la vie d'Angèle. Cette révélation contenait la clé pour apporter la guérison à celle-ci. Je n'en revenais pas. Martin avait reçu un souvenir qui appartenait à la mémoire de sa femme ! Tout est possible à Dieu. Mon anxiété a alors fait place pour de bon à une confiance sereine en la fidélité de Dieu.

J'aime bien donner cet autre exemple simple, qui démontre le potentiel de la PGI. Un homme nous a consultés parce qu'il avait tous les jours la sensation de tomber. C'était très incommodant. En priant, le Seigneur lui a donné l'image de sa mère faisant une chute alors qu'elle était enceinte de lui. Au cours de la semaine qui a suivi notre rencontre, sa mère a confirmé avoir fait une vilaine chute à cette époque. Nous avons prié pour lui, et le symptôme a disparu. Nous avons eu de ses nouvelles des mois plus tard, et il était toujours guéri. Évidemment, cette situation n'a rien de complexe, mais elle montre tout de même la puissance miraculeuse de la prière d'écoute.

Nous rencontrons maintenant une quarantaine de personnes par année. C'est sept fois plus qu'avant mon passage à la prière de guérison intérieure, mais je crains que cela soit insuffisant pour répondre à la demande. C'est pourquoi j'écris des livres pour faire connaître la PGI. Je consacre aussi du temps pour former des gens. Enfin, nous demandons à Dieu qu'il nous accorde une onction sans cesse croissante afin d'aider le plus de gens possible.

3
La part du diable

Au début de ma pratique médicale, une dame m'a consulté aux urgences de l'hôpital en désespoir de cause. Elle venait d'emménager dans un nouvel appartement, qui était hanté par un revenant, selon elle. Cet après-midi-là, elle avait vu une tête humaine tomber d'une tablette lorsqu'elle avait ouvert la garde-robe de sa chambre. Jusque-là, je n'étais pas très impressionné. Beaucoup de gens souffrent de désordres mentaux. C'est la suite de son témoignage qui m'a rendu perplexe. Cette femme n'avait aucun antécédent. Sa fille de neuf ans, qui l'accompagnait, affirmait voir les mêmes choses que sa mère. D'après leur récit, les poils de leur chat se hérissaient, et celui-ci courait se cacher au moment où elles apercevaient ces supposées entités spirituelles. Un prêtre avait été appelé pour exorciser le logement. Il avait confirmé tous ces phénomènes, mais il n'avait pas réussi à purifier l'endroit. Ne sachant que faire, j'ai transféré ma cliente en psychiatrie. La réponse du consultant mentionnait qu'il s'agissait d'un cas de folie à trois. J'ai vite compris que le spécialiste n'avait pas trouvé chez cette femme d'autre pathologie mentale que ce diagnostic dont on se sert pour les cas inexplicables. Comme bien des hommes de sciences de nos jours, ce psychiatre essentiellement matérialiste ne pouvait pas admettre qu'il y avait réellement un revenant dans l'appartement.

Je dois dire que je n'avais jamais été moi-même enseigné à ce sujet, même si j'étais un chrétien né de nouveau à l'époque. J'avais donc été totalement pris au dépourvu. Cependant, à la suite de cette expérience, je suis devenu plus attentif aux phénomènes paranormaux, mais je n'avais toujours pas d'outil pour agir. Par exemple, un ami m'a appelé à la même époque parce que son fils était revenu d'un spectacle rock dans un état psychotique. Les musiciens avaient invité la foule à donner leur âme à Satan. Le jeune homme avait récité la prière en question. Il courait depuis après sa mère avec un couteau de cuisine pour la tuer. Une fois encore, ne sachant que faire, j'ai suggéré qu'on le conduise aux urgences. Sa guérison complète est venue quelques années plus tard, par la prière.

Une dizaine d'années s'étaient écoulées depuis cet épisode quand un patient que je suivais en psychothérapie me dit qu'il voyait des formes lumineuses se diriger vers la chambre de sa fille durant la nuit. Lorsque cela se produisait, celle-ci faisait des cauchemars. Peter venait de donner sa vie au Seigneur. Il se demandait quoi faire. Nous avons simplement prié ensemble dans mon bureau. Les visitations nocturnes ont cessé, et l'adolescente a retrouvé un sommeil paisible.

Les chrétiens en général ont besoin d'être enseignés à propos de ces phénomènes. Les professionnels aussi, qu'ils soient croyants ou non. L'expérience des chrétiens témoigne de l'existence des démons, tandis que l'expérimentation scientifique ne peut, à elle seule, rien prouver. Il ne suffit pas de reproduire en laboratoire certains phénomènes paranormaux comme la télépathie pour saisir réellement ce qui se passe dans le monde invisible. La délivrance est un champ de pratique qui a été confié à l'Église. La réalité des démons faisait partie du quotidien de Jésus et des apôtres (Mt 4.24; Mt 10.8 ; Ac 5.16 ; Ac 8.7). Pourquoi en serait-il différent aujourd'hui ? Peter Horrobin, fondateur de *Ellel Ministries*, organisme consacré à la guérison intérieure et à la délivrance, mentionne que Jésus-Christ n'a pas exclu la délivrance lorsqu'il a confié à ses disciples la mission d'annoncer l'Évangile jusqu'à la fin du monde[14]. Il n'a pas dit : « Enseignez à vos disciples tout ce que je vous ai prescrit sauf la délivrance, parce que les démons ne sont que des superstitions ou des maladies mentales. »; « Ne parlez pas des démons, car ils sont désormais inactifs. » ou bien « Oubliez les mauvais esprits, parce qu'après la Pentecôte, ils seront automatiquement expulsés d'une personne lorsqu'elle se convertira et recevra le Saint-Esprit. »

Il me semble entendre certains me dire : « Parler du diable aujourd'hui ; tu exagères cette fois, Michel ! » Désolé ! C'est, au contraire, un sujet très important. C'est pourquoi, dans ce chapitre, je désire vous transmettre quelques notions sur le monde des ténèbres afin de pouvoir vous exposer ensuite l'apport de la PGI dans ce domaine. En effet, pour être libérée et guérie, une personne doit être affranchie de tous les liens qui la tiennent, dans son corps, dans son âme et dans son esprit. Aussi, comme le coach de danseurs doit les entraîner pour qu'ils soient très souples avant d'exercer leur art, de même, me faut-il suffisamment étirer votre entendement pour que vous saisissiez l'enjeu qui se dessine autour de ce vaste sujet.

La réalité des démons

Si nous voulons avoir du succès en guérison, il nous faut être tout à fait convaincus que les démons existent. Malheureusement, sous prétexte de combattre la superstition, bon nombre de chrétiens, influencés par le rationalisme, ont adopté une conception matérialiste du monde. Les propos suivants d'Evelyn

Frost, théologienne réputée pour ses recherches sur les Pères de l'Église, résument bien cette position :

> La pratique de l'exorcisme par le Christ était associée aux croyances de l'époque en l'existence des démons. Cependant, la science a fait la lumière sur ces entités obscures évoquées dans les ténèbres de l'ignorance, et les fantômes ont disparu[15].

La majorité des scientifiques considèrent de nos jours que les personnes que l'on croyait possédées autrefois étaient, en fait, des malades mentaux. Pourtant, un raisonnement très simple contredit cette thèse. Si Jésus avait suivi les croyances de l'époque, il aurait pensé que seulement les gens ayant des troubles de comportement étaient démonisés. De plus, il aurait toujours agi de la même manière en fonction de la classification des médecins de son époque. Or, ce n'est pas ce qu'il a fait. Il a plutôt discerné la cause de la maladie chez chaque personne. Par exemple, nous le voyons guérir un paralytique après avoir pardonné ses péchés, sans parler de mauvais esprit (Lc 5.24). À une autre occasion, il chasse un démon pour apporter la guérison à une femme paralysée (Lc 13.11-16). En rapportant ces faits, l'évangéliste Luc, lui-même médecin, était certainement conscient que Jésus ne suivait pas les normes médicales de son époque.

Il est clair dans le Nouveau Testament que le rapport entre Jésus et les démons n'était pas une simple question de nosologie[16]. Le Seigneur a lui-même combattu le diable tout au long de sa vie (Lc 4.1-13). Détruire les œuvres du Malin était au cœur de sa mission (Ac 10.38 ; 1 Jn 3.8). Il a identifié la délivrance comme le signe par excellence de la venue du Royaume de Dieu (Lc 11.20). Il était l'Envoyé de Dieu précisément parce qu'il chassait les démons. Tout le monde savait que seule la puissance de Dieu pouvait surpasser celle des ténèbres.

Les faits rapportés dans les évangiles militent aussi en faveur de l'existence d'entités spirituelles plutôt que de maladies mentales mal diagnostiquées. Par exemple, dans le cas d'un homme fortement démonisé, une légion de démons qui l'habitait a demandé la permission à Jésus d'entrer dans un troupeau de pourceaux qui paissaient par là. Une fois autorisés, les démons sont sortis de l'homme, et il est rapporté que *tout le troupeau se précipita des pentes escarpées dans la mer, et ils périrent dans les eaux* (Mt 8.32 ; Mc 5.13). Un problème psychique ne peut pas expliquer cela.

De plus, Jésus a d'abord appris aux douze apôtres à chasser les démons (Mt 10.1,8). Puis, il les a envoyés deux par deux annoncer le Royaume de Dieu. Quand ils sont revenus, il leur a dit qu'il s'était réjoui de voir Satan tomber du ciel comme un éclair (Lc 10.17-19). Je pense que cette description correspond à une vision spirituelle que Jésus observait pendant qu'il intercédait pour ses disciples. Notons enfin qu'il a demandé aux Douze de s'assurer que tous ses enseignements soient transmis de génération en génération, jusqu'à la fin du monde (Mt 28.18-20). En donnant cet ordre, il déclarait que tous les croyants auraient l'autorité spirituelle de chasser les démons. Et notez bien qu'il s'agit ici d'un pouvoir distinct de celui de guérir les malades, comme le démontre ses paroles à la fin de l'évangile selon Marc : *en mon nom, ils chasseront les démons ; [...] ils imposeront les mains aux malades, et les malades, seront guéris* (Mc 16.17-18).

Les faits mentionnés ci-dessus démontrent que le refus de croire à l'existence des démons est en parfaite contradiction avec une lecture le moindrement attentive de la Bible. Cette incrédulité a de graves conséquences, non seulement parce qu'elle mine l'autorité des Écritures, mais aussi parce qu'elle en transforme le message. Francis MacNutt, docteur en théologie qui a une riche expérience en délivrance, explique:

Dans la mesure où nous ne saisissons plus la réalité des forces surnaturelles du royaume démoniaque — contre lequel nous sommes impuissants du seul fait de notre humanité — nous ne ressentons plus le besoin d'un Sauveur en Jésus-Christ. Même pour des chrétiens professants, Jésus est devenu seulement un excellent professeur qui transmet de bonnes valeurs parmi bien d'autres enseignants comme Confucius et le Bouddha. C'est aussi le problème principal du nouvel âge. Ce mouvement ne reconnaît pas la dimension surnaturelle du mal. Il affirme que les humains sont bons et qu'ils ont un potentiel de croissance et de développement incroyable, pourvu qu'ils se débarrassent de la honte et qu'ils reconnaissent à quel point ils sont bons. Par conséquent, il n'y a, dans le système de pensée du nouvel âge, aucun réel besoin d'un Sauveur. Jésus est simplement un homme bon apportant un message d'amour à la race humaine[17].

Les démons et les chrétiens

Heureusement, il semble maintenant y avoir dans divers segments du monde chrétien une nouvelle conscience de la réalité démoniaque. Des pasteurs et des théologiens croient, toutefois, que seuls les non-chrétiens peuvent être démonisés, donc que les enfants de Dieu ne peuvent pas être oppressés par le diable. Cette idée a conduit plusieurs ouvriers chrétiens à manquer de prudence, comme l'illustre l'histoire suivante. Nous avons prié pour un couple missionnaire qui a dû quitter l'Afrique en hâte parce que la femme et leur fille étaient malades. Les attaques survenaient lorsque l'homme racontait comment il s'était opposé à un culte idolâtre dirigé par un sorcier. Même leur chat les agressait sans raison. Ce pasteur et ceux de la région en question sont à présent plus conscients de la puissance de la sorcellerie.

Les deux arguments le plus souvent utilisés par les chrétiens qui ne croient pas que les démons puissent les harceler sont les suivants :

1. le Saint-Esprit ne peut pas cohabiter avec un démon ;

2. la Bible ne rapporte aucun cas de délivrance chez un chrétien né de nouveau.

Je crois que ces deux arguments peuvent être facilement renversés. D'abord, aucun passage du Nouveau Testament ne soutient la première allégation. Au contraire, les auteurs bibliques enseignent la réalité du combat contre les esprits méchants (Ép 6.12 ; Jc 4.7 ; 1 P 5.8-9). Également, cette première objection n'est pas non plus appuyée par des passages de l'Ancien Testament. Certains utilisent un texte qui dit : *L'esprit de l'Éternel se retira de Saül, qui fut agité par un mauvais esprit venant de l'Éternel* (1 S 16.14). Toutefois, la séquence des événements dans ce cas précis ne prouve pas que l'Esprit de l'Éternel ne puisse jamais cohabiter avec un mauvais esprit. Dans le contexte de ce passage, Saül a perdu la faveur de Dieu parce qu'il lui a désobéi à plusieurs reprises. Dieu lui a donc retiré son Esprit. Ensuite, la colère et la jalousie de Saül ont ouvert la porte à un esprit méchant, qui a rendu cet homme paranoïde. L'enchaînement des faits s'explique par le contexte et ne prouve donc pas qu'il soit impossible pour un mauvais esprit de cohabiter avec le Saint-Esprit.

Cette idée qu'un esprit ne peut pas résider chez un chrétien né de nouveau (qui a l'Esprit de Dieu en lui) vient aussi du raisonnement suivant : un croyant né de nouveau ne peut pas être « possédé » par le diable parce qu'il appartient à Dieu (Rm 8.9). Je suis d'accord que la volonté d'un chrétien ne peut pas être entièrement possédée et contrôlée par le diable. Cependant, cela n'exclut pas qu'il puisse être tourmenté, harcelé et bloqué dans son développement spirituel par un mauvais esprit. Le fait d'appartenir à Dieu dans la Nouvelle Alliance n'empêche pas le mal d'exister ni le diable de nous tenter, de nous harceler ou même d'habiter notre corps. Le plan de Dieu est de tout mettre sous les pieds du Seigneur Jésus-Christ, mais *nous ne voyons pas encore maintenant que toutes choses lui soient soumise* (Hé 2.8). Un chrétien peut même perdre partiellement le contrôle de sa vie dans certains domaines ou à certaines occasions. C'est vrai pour des habitudes malsaines. Cela peut aussi se produire chez des individus qui ont été très impliqués dans le monde de l'occultisme avant leur conversion. Heureusement, de tels cas de possession partielle sont rares. La plupart du temps, un chrétien a le pouvoir de résister aux démons, mais au prix d'un effort constant pour contrer l'oppression. Le fait d'appartenir à Dieu ne confère pas une protection absolue. Peter Horrobin ajoute, d'ailleurs, un argument très pragmatique à ceux qui précèdent.

> Si les chrétiens ne peuvent pas être démonisés, alors aucune personne parmi les milliers que nous avons délivrées d'esprits mauvais, incluant de nombreux leaders chrétiens, ne pouvait être née de nouveau par l'Esprit de Dieu[18].

Si les mauvais esprits ne peuvent pas cohabiter avec l'Esprit de Dieu, comment expliquer que :

- Satan et Dieu cohabitent dans l'univers, puisque Dieu est omniprésent (Ps 139.7-10 ; Jr 23.24 ; Ac 17.27) ;

- Satan discute avec Dieu (Jb 1.6-12 ; Jb 2.1-7), avec des anges (Za 3.1 ; Jd 1.9) et avec Jésus (Lc 4.1-13) ;

- Jésus, rempli de l'Esprit, cohabite avec des pécheurs influencés par le diable (Jn 1.5,9; Jn 8.31,44) ;

- Pierre conduit par le Saint-Esprit comprend que Jésus est le Christ, et qu'immédiatement après, le diable lui inspire d'inciter Jésus à éviter la mort sur la croix (Mt 16.17,22-23) ;

- Judas chasse des démons, côtoie l'onction de Jésus (Mt 10.8) et qu'à la fin de sa vie, Satan entre en lui et lui inspire de livrer Jésus (Jn 13.27) ;

- Paul recommande aux chrétiens de ne pas donner accès au diable en se réconciliant rapidement (Ép 4.26-27) ;

- Jacques voit dans la ferveur à défendre ses opinions un zèle amer qui ouvre la porte à un esprit de dispute, qui est diabolique (Jc 3.14-16) ;

- Jésus a transmis une prière aux chrétiens, le Notre Père, qui demande à Dieu de les délivrer du diable (Mt 6.13) ;

- le Saint-Esprit peut cohabiter avec le péché, qui pourtant est tout à fait contraire à sa nature divine (Ga 5.17), car les chrétiens sont encore des pécheurs (1 Jn 1.8) ;

- le don de discernement des mauvais esprits est donné, comme tout autre don, pour prendre soin des chrétiens dans le corps du Christ (1 Co 12.7,10,25).

Toutes les situations énumérées ci-dessus contredisent l'argument que les démons ne peuvent pas côtoyer le Saint-Esprit. Il me semble donc que cette idée est bien plus un raisonnement humain qu'une vérité biblique.

Examinons maintenant la seconde objection concernant l'absence de cas de délivrance chez les chrétiens dans les Écritures. D'abord, il s'agit là d'une preuve bien fragile en herméneutique[19], surtout lorsqu'il est question de l'aspect narratif des Écritures. L'omission de la mention d'une expérience ne prouve pas son inexistence. En effet, nous savons que les éléments racontés dans le Nouveau Testament ont fait l'objet d'un tri en fonction de leur valeur doctrinale (Jn 21.24-25). L'absence d'un thème ne signifie donc pas que l'Église primitive n'a jamais vécu cette situation.

Toutefois, la Bible est-elle vraiment silencieuse sur ce point ? Je trouve, quant à moi, que l'histoire de Simon le magicien semble bien décrire celle d'un nouveau converti démonisé (Ac 8.4-25). Ce sorcier samaritain adhère à la foi chrétienne à la suite de la prédication du diacre Philippe ; puis, il se fait baptiser par immersion dans l'eau avec les autres qui ont cru. Les apôtres Pierre et Jean viennent ensuite imposer les mains aux nouveaux disciples pour officialiser leur entrée dans l'Église et leur accorder le baptême de l'Esprit. À cette occasion, ils rencontrent Simon, cet ex-magicien qui aimerait bien avoir, lui aussi, le pouvoir de transmettre le Saint-Esprit. Pierrc lui dit alors qu'il est pris dans des liens d'iniquité (*adikia* – souvent traduit par injustice). Que discerne Pierre au juste ? La cupidité ? La soif de pouvoir ? Des liens causés par ses anciennes pratiques occultes ? Sans doute tout cela !

Simon perçoit son erreur et se repent en demandant immédiatement à Pierre et à Jean de prier pour lui (v. 24). Cette demande suggère, à mon avis, qu'il avait des liens démoniaques causés par ses anciennes pratiques occultes ; sinon, il n'aurait eu qu'à confesser son péché et à changer de comportement. Nous n'avons pas les détails de la prière qui a suivi, mais il serait logique de penser que Pierre ait brisé les liens qu'il voyait afin de délivrer l'ancien magicien. Il ne serait pas surprenant qu'il ait chassé un ou plusieurs démons ou brisé un pacte satanique, puisque Simon était un sorcier qui faisait des prodiges surnaturels par une grande puissance (v. 10). En fait, la plupart des commentateurs sont d'accord pour dire que cet homme était démonisé. Plusieurs doutent, cependant, de sa conversion. Pourtant, le texte dit bien qu'il avait cru en Jésus, qu'il avait été baptisé et qu'il suivait Philippe partout avec les autres nouveaux convertis en voie de devenir des disciples (v. 13). Ces faits suggèrent fortement que Philippe et les nouveaux croyants pensaient que Simon s'était réellement converti.

L'enseignement de Jésus aussi suggère que des démons peuvent harceler les croyants. En effet, il mentionne qu'une maison doit être bien gardée si on ne veut pas que les démons reviennent après qu'on les a chassés (Mt 12.29, 43-45)[20]. L'interprétation la plus plausible ici implique deux choses : le Saint-Esprit est le gardien qui protège le croyant ; le fait de chasser des démons chez un non-croyant l'expose à une contre-attaque qui risque de le mettre dans une condition pire que la première. C'est pourquoi Jésus chasse les démons de ceux et de celles qui ont déjà une alliance avec Dieu et qui sont donc bénéficiaires de l'onction de leur Messie, tandis qu'il refuse en général ce privilège aux étrangers (Mc 7.27).

Il est également plausible que Paul ait chassé des démons parmi les croyants d'Éphèse. En effet, la Bible rapporte que l'apôtre s'y est installé pendant deux ans et qu'il y a fondé une école où il enseignait les principes du christianisme. Or, il faisait aussi la démonstration de ce qu'il prêchait en guérissant les malades et en chassant des démons (Ac 19.11-12). Ici, il n'est pas précisé si Paul chassait les démons avant ou après la conversion des fidèles. Toutefois, le contexte suggère fortement que ce soit après. En effet, on organisa une cérémonie publique de confession et de renoncement aux pratiques occultes au cours de laquelle des convertis ont brûlé des livres de magie ayant une grande valeur de revente (v. 18-19). Paul aurait donc insisté pour qu'ils détruisent tout matériel investi d'un certain pouvoir, précisément parce que la conversion ne suffisait pas à éliminer l'emprise que ces ouvrages pouvaient avoir sur eux. Selon Peter Horrobin, de tels objets peuvent amener des malédictions sur la vie de ceux qui les possèdent[21]. Ainsi, les gens d'Éphèse se sont d'abord convertis; puis, ils se sont massivement détournés de l'occultisme et des cultes païens qui pullulaient à Éphèse (v. 26-27).

De même, les questions posées à Paul par les Corinthiens à propos des viandes sacrifiées aux idoles montrent que les premiers chrétiens s'interrogeaient sur les conséquences des pratiques idolâtres. Il s'agit là d'un sujet très pratique. Je paraphrase. « Cher Paul, peut-on acheter au marché, sans danger, des viandes consacrées aux idoles ? Peut-on aller au temple d'idoles pour en manger ? » Celui-ci répond que les idoles n'existent pas comme telles et qu'ils peuvent acheter de la viande au marché. Toutefois, il précise qu'il y a des démons dans le temple, derrière ces idoles, et qu'il vaut mieux s'abstenir d'être en communion avec l'autel où la viande est consacrée (1 Co 10.18-25). Par cet avis, Paul met donc l'accent sur la liberté de conscience du chrétien et sur la puissance de l'Esprit qui est en lui, mais il encourage la prudence face aux endroits où il y a des démons. Pourquoi cette mise en garde serait-elle nécessaire, si les démons ne peuvent pas influencer les chrétiens ? D'ailleurs, puisque les démons se tiennent près des idoles, il est tout à fait plausible de penser que dans leurs vies antérieures, plusieurs de ces chrétiens aient été démonisés et qu'ils aient dû être délivrés.

Enfin, nous retrouvons des termes qui évoquent les choses occultes dans la lettre aux Galates. En effet, Paul demande à ses lecteurs de lui dire qui les a envoûtés (Ga 3.1 – *Semeur*). Le théologien Gordon Fee dit que le terme *baskaino,* traduit ici par « envoutés », signifie « ensorcelés par un enchantement » dans le grec séculier[22]. Dans cette même lettre, la magie et les sectes sont mentionnées parmi les œuvres de la chair auxquelles il faut renoncer afin de marcher selon l'Esprit (Ga 5.20). L'idolâtrie et la sorcellerie étaient donc des réalités pour l'Église primitive. Toute personne qui n'était pas conduite par l'Esprit risquait d'y être entraînée, comme elle pouvait aussi succomber à d'autres œuvres de la chair telles les disputes ou l'inconduite sexuelle. Le christianisme s'est développé au beau milieu d'une culture très axée sur l'occultisme où tout nouveau croyant devait être libéré de l'influence démoniaque, puis rester alerte.

Alors, est-ce que la Bible est vraiment silencieuse sur le harcèlement des croyants par les démons ? Je crois que non. Notons, d'ailleurs, que l'exorcisme des chrétiens est un fait amplement rapporté dans l'histoire de l'Église. Ainsi, Francis MacNutt dit que Justin Martyr (IIe siècle), Irénée (IIe siècle) et Tertullien (IIIe siècle) rapportent des exorcismes pratiqués régulièrement par des hommes et des femmes de la communauté chrétienne[23]. Randy Clark cite Théophile d'Antioche et Marcus Minucius Felix (IIe siècle), Hermès, Origène, Arnobius et Lactancius (IIIe siècle) comme témoins oculaires de délivrances[24]. Plus tard, l'Église s'est hiérarchisée, mais plusieurs auteurs rapportent toujours des exorcismes pratiqués par des personnes désignées pour ce ministère. En effet, les moines du désert (IIIe au Ve siècle), Augustin (Ve siècle), Martin Luther (XVIe siècle), John Wesley (XVIIIe siècle) et Johan Blumhardt (XIXe siècle) mentionnent des cas d'exorcisme[25]. *The book of Common Prayer,* publié en 1549, suggère de prier pour renoncer à Satan et aux forces spirituelles du mal lors de la conversion au christianisme[26]. Ce livre est encore utilisé aujourd'hui par les anglicans. Enfin, dans un livre très bien documenté *The Rite of Exorcisim*, Craig Karpel fait un survol de l'Histoire et mentionne qu'au Xe siècle, la délivrance s'exerçait auprès des croyants. Il cite ce vieux texte émanant du clergé :

> Lorsque l'exorciste est ordonné, qu'il reçoive des mains de l'évêque le livre dans lequel les prières pour les exorcismes sont écrites, pendant que l'évêque lui dit : « Reçois-les et mémorise-les et possède la puissance d'imposer les mains sur ceux qui sont agités par les démons, qu'ils soient baptisés ou catéchumènes »[27].

Enfin, certains soutiennent que la pratique de la délivrance par les premières Églises au moment du baptême[28] des adultes pourrait expliquer que peu de cas d'exorcisme aient été rapportés dans les Actes des apôtres.

En conclusion, l'idée que les démons n'existent pas et l'idée qu'ils existent, mais qu'ils n'affectent pas les chrétiens sont toutes les deux contraires aux Écritures et à ce que l'Histoire rapporte. Pourtant, ces mensonges sont soutenus avec véhémence parfois. Serait-ce parce que les démons eux-mêmes cherchent à convaincre les chrétiens en ce sens ? S'il y a des fausses doctrines qui sont importantes aux yeux des démons[29], ce sont bien celles qui nous aveuglent quant à leur existence. Je crois que l'absence de connaissance dans le domaine de la délivrance est maintenant une grande lacune de l'Église. Beaucoup de chrétiens ont des liens qui les empêchent de servir efficacement dans le Royaume de Dieu. Plusieurs parmi ceux que nous rencontrons en guérison intérieure ignorent tout à fait les dangers de l'occultisme ! Certains reconnaissent la présence de la sorcellerie dans diverses parties du monde, mais ne croient pas que cette pratique touche l'Occident.

Notre vision du monde matérialiste et individualiste a suscité un discours où l'on parle des démons comme s'il s'agissait de mythes. Plusieurs docteurs de l'Église ont été largement influencés par ces courants de pensée. Je crois que c'est là une énorme tromperie. En réalité, les démons existent et ils sont actifs dans l'Église. De plus, il n'y a aucune raison pour que l'Occident soit épargné par l'activité démoniaque. Mais il ne faut pas se décourager ! La bonne nouvelle, c'est que chasser les démons fait partie des privilèges transmis aux chrétiens jusqu'à la fin des temps !

Le mal en action

Nietzsche, Marx, Voltaire et bien d'autres penseurs ont présenté la notion de bien et de mal comme une vulgaire superstition qu'il fallait dépasser. Aujourd'hui, plusieurs se représentent le mal comme le simple résultat d'affrontements humains ou de forces sociales antagonistes. Pourtant, la Bible nous le présente comme une entité destructrice réelle ayant un aspect moral (le péché), physique (la maladie, la mort) et spirituel (l'activité démoniaque).

Ce que nous appelons péché dans la Bible décrit tout ce qui est contraire à la pensée de Dieu. Il ne s'agit pas seulement de gestes immoraux faits de manière consciente, mais aussi de mauvaises pensées, d'actes dont on ignore parfois l'effet dévastateur et même de tendances héritées de nos ancêtres[30]. C'est dire à quel point le péché imprègne tous les humains sans exception. La Parole dit que le péché a eu de multiples conséquences. Ce mal conduit à la maladie et à la mort physique. Il envahit la sphère psychologique. Il cause la souffrance morale et des conflits relationnels. Enfin, il se manifeste sous la forme de malédictions et de liens accentués, chez certains, par des démons.

Nous distinguons l'effet du mal sur le corps, l'âme et l'esprit pour des fins didactiques. Toutefois, l'être humain est un tout inséparable et complexe. Par exemple, un toxicomane sera physiquement atteint : il sera dépendant de substances nocives, et ses organes seront détruits par leur usage et par la malnutrition. Souvent, il souffrira aussi de maladie mentale et il se détériorera sur le plan social. Enfin, il n'est pas rare qu'il soit oppressé par des esprits méchants.

De même, la mort touche toutes les sphères de notre être. Elle découle du péché et subsiste comme une entité très réelle avec laquelle nous nous retrouverons tous un jour face à face (Ps 18.4-5). Elle n'est pas seulement une absence de vie, car la Bible la décrit comme un ennemi qui sera anéanti (1 Co 15.26; Ap 20.14). Dieu a donné une preuve certaine de cette promesse en ressuscitant Jésus d'entre les morts (Ac 17.31). Les liens de la mort n'ont pas pu le retenir (Ac 2.24 ; Rm 6.9).

Quant au diable, il a joué un rôle déterminant dans l'entrée du mal dans le monde. Or, plusieurs entretiennent encore une relation avec lui par diverses pratiques occultes. La plupart des gens qui s'adonnent au nouvel âge, au néopaganisme ou à la sorcellerie ne sont pas conscients qu'il s'agît d'un péché aux yeux de Dieu. Plusieurs y voient une forme de croyance qui a autant de valeur que le christianisme. Ils ne voient pas les dangers qui les guettent quand ils pénètrent ce monde de ténèbres. Jésus nous a enseigné à prier en disant : *Délivre-nous du Malin* (Mt 6.13), c'est-à-dire du chef des puissances spirituelles (Ép 2.2, version *Semeur*), aussi appelé le diable ou Satan.

Le principe de la substitution

Jésus a donné sa vie pour que nous soyons guéris (Mt 8.16-17). Il a porté sur la croix les malédictions qui auraient dû nous atteindre (Ga 3.13). Il a littéralement substitué notre péché a sa justice (2 Co 5.21). De plus, Christ a vaincu le mal. Étant lui-même Dieu et sans péché, son sacrifice était efficace, et la mort n'a pas pu le retenir (Ac 2.24). Le mal a été substitué, puis il a été vaincu à la croix. C'est pourquoi, le Christ peut offrir la vie éternelle à quiconque croit en ce qu'il a accompli (1 Jn 5.11-13).

Le nouvel âge et le shamanisme utilisent aussi le principe de la substitution pour apporter la guérison ou jeter des sorts. On prend la santé d'une personne pour l'offrir à un autre. Ou encore, on offre une vie à un démon en échange d'un service. Dans ce monde de ténèbres, la substitution doit toujours s'opérer sur le dos d'une victime. Parfois, c'est un intervenant qui prend sur ses épaules la souffrance d'un autre dans le but de le guérir. Il devient alors lui-même la victime. Dans certains endroits du monde, nous voyons parfois de véritables guerres de sorcellerie au sein de familles rivales. Le gagnant sera celui qui consultera le sorcier le plus puissant. Évidemment, tout cela est très dangereux. De plus, nous devons être conscients que, même pour ceux qui s'adonnent aux formes d'occultisme perçues comme pacifiques (magie blanche, thérapie énergétique, etc.), le principe de la substitution est toujours là. Ces guérisons sont opérées par des démons, qui déplacent le mal, sans le détruire. Il y a donc un prix à payer pour ces formes de guérison.

Le docteur Larry Dossey est un médecin qui s'est intéressé à la guérison par la prière, mais dans la mentalité du nouvel âge. Il a observé de près le phénomène de la substitution. Après avoir présenté plusieurs études démontrant la réalité des guérisons surnaturelles, il rapporte honnêtement sa consternation initiale devant le type de mort qu'ont subi Bouddha (empoisonnement alimentaire), Krishna (cancer du pancréas) et d'autres qu'il qualifie de « saints ». Plus tard, cependant, il s'est fait à l'idée, se disant que les grands maîtres doivent souffrir pour montrer la voie aux autres[31].

La vraie question est de savoir quelle croyance peut véritablement nous sauver. Non seulement ces grands maîtres ne sont pas ressuscités comme Jésus mais, selon moi, ces personnages ont subi les effets de leurs connexions avec un monde spirituel étranger au seul vrai Dieu. Seul le Christ est capable de chasser les forces du mal. Toutes les autres formes de guérison surnaturelle ne nous en libèrent pas vraiment. C'est ce que Jésus enseigna quand il a dit qu'un royaume ne peut pas être divisé contre lui-même (Mt 12.24-26). Si quelqu'un prêche le Véritable Évangile[32], les miracles qui l'accompagneront viendront du Saint-Esprit. Toutefois, si une personne prêche un faux évangile ou toute autre religion, les miracles que nous observerons découleront des forces du mal (Mt 7.21-23 ; 2 Th 2.7-10). De telles guérisons finissent toujours par produire la destruction. Il n'y a pas d'autre possibilité, car Satan, même s'il peut séduire des gens en leur apportant la guérison par substitution, ne peut pas être divisé contre lui-même. Son but ultime est de détruire, de voler et de tuer (Jn 8.44; Jn 10.10).

Par conséquent, toutes les formes de guérisons surnaturelles ne sont pas équivalentes. Certains disent que toutes les religions sont bonnes. Cela ne peut pas être le cas, puisqu'elles pointent vers des dieux différents. Dans tout cela, il y a nécessairement un vrai Dieu et des faux dieux ! Un journaliste qui m'interrogeait à la suite de la parution de mon livre *Une révolution à achever* m'a dit : « L'important est de croire en quelque chose, n'est-ce pas ? » « Non, lui ai-je répondu, l'important est de croire à ce qui est vrai ! » Ma foi n'est pas seulement subjective, une sorte d'effet placebo. Elle ne vise pas uniquement à me rassurer. Elle repose sur la puissance de la résurrection du Christ, un fait historique véritable et vérifiable. Elle porte en elle la puissance d'un Dieu capable d'agir pour moi. Certains pensent qu'il faut beaucoup de foi, voire être naïf, pour croire en l'Évangile. Je pense, quant à moi, que tout le monde a une croyance et qu'il faut aussi beaucoup de foi pour être convaincu que Dieu n'existe pas ou que nous sommes des dieux habités par l'énergie cosmique.

4
L'écoute de Dieu

Nous avons dit que la prière de guérison intérieure est différente de la relation d'aide parce qu'elle met surtout l'accent sur l'intervention divine. Nous verrons maintenant que Jésus est l'intermédiaire désigné, et que le Saint-Esprit permet la connexion avec lui (Rm 8.26). Le Seigneur révèle la source des problèmes et leurs solutions. Il intervient ensuite avec puissance pour accorder la guérison en réponse à la proclamation prophétique de l'œuvre du Christ accomplie à la croix.

Les aidants deviennent partenaires avec Dieu en intervenant en faveur de l'aidé. Leur approche n'est pas une méthode psychologique. C'est une démarche d'intercession, d'écoute et de proclamation. L'aidé et ses accompagnateurs entrent dans la présence divine, conscients que le lieu où ils se tiennent est un territoire sacré et privilégié. En cet endroit, ils viennent chercher refuge, trouver leur repos en Dieu et approfondir leur intimité avec le Seigneur. La foi au Dieu trinitaire est requise pour profiter pleinement de cette expérience spirituelle. Une question doit donc être posée à l'aidé, s'il n'est pas clair au départ qu'il est né de nouveau : « Qui donc est Jésus pour vous ? »

La connaissance de Jésus-Christ

Parmi les fondateurs des grandes religions connues, Jésus-Christ est le seul qui se soit présenté comme un homme et qui a aussi prétendu être Dieu. C'est d'ailleurs pour cela qu'on l'a crucifié. Cependant, personne n'aurait pu le tuer s'il n'avait pas voulu donner sa vie. En fait, il a annoncé à plusieurs reprises, bien avant sa mort, qu'il mourrait pour sauver l'humanité. C'était la raison première de sa venue sur la terre.

Le Père m'aime,
parce que je donne ma vie, afin de la reprendre.
Personne ne me l'ôte, mais je la donne de moi-même ;
j'ai le pouvoir de la donner, et j'ai le pouvoir de la reprendre ;
tel est l'ordre que j'ai reçu de mon Père.

Jean 10.17-18

Nous voyons dans ce passage que Jésus savait qu'il ressusciterait. Plusieurs témoins oculaires ont confirmé que cela est bien arrivé. C'est ce qui explique que le christianisme s'est répandu comme une traînée de poudre. Jésus est le seul grand personnage religieux qui a vaincu la mort. Par conséquent, l'humanité se retrouve devant un choix : tout cela est faux, et elle doit donc considérer ce mensonge comme le plus grand canular de l'Histoire ; cela est vrai, et elle ne doit pas rejeter le message du Christ, car ce serait le plus grand péché qu'elle puisse commettre (Jn 8.24).

En tant qu'homme, Jésus a partagé nos souffrances et nos tentations. Il peut donc comprendre qui nous sommes (Hé 2.18). Cependant, sa nature divine lui a aussi permis de vivre une vie sans péché (Hé 4.15). Cette innocence le rend apte à subir efficacement à notre place la sentence que nous méritions. La justice de Dieu peut s'exécuter parfaitement au travers de Jésus, car il ne doit pas mourir pour ses propres péchés (Jn 1.29 ; Ga 3.13 ; 1 P 3.18). Il peut payer la caution pour nous libérer (Mc 10.45 ; 1 Tm 2.6).

Pour devenir chrétien, il suffit de croire à ce que je viens d'expliquer. C'est le message de l'Évangile.

*Car Dieu a tant aimé le monde
qu'il a donné son Fils unique,
afin que quiconque croit en lui ne périsse point,
mais qu'il ait la vie éternelle.*

Jean 3.16

Comme vous le savez, plus d'une personne m'ont déjà dit : « J'aimerais bien croire, moi aussi, mais j'en suis incapable. » C'est vrai ! Aucun être humain ne peut croire par ses propres forces. Notre nature pécheresse a une totale aversion pour le message du salut. En effet, les démons qui ont éloigné Adam et Ève du Créateur s'affairent encore à nous séparer de lui. Seule la grâce de Dieu peut nous éclairer. Il est toutefois possible de demander la capacité de croire. De nombreux athées ont fait une prière étrange, ressemblant à celle-ci : « Dieu, je ne crois pas que tu existes, mais si tu existes, révèle-toi à moi. » Dieu aime vraiment répondre à ce genre de prière !

La conversion conduit à la restauration complète de tout notre être. Jésus prend sur lui nos péchés et nous réconcilie avec Dieu le Père (Rm 5.11 ; 2 Co 5.17-21), car le péché nous séparait de lui (Rm 6.23). Il nous donne ainsi la vie éternelle (Jn 5.21; Jn 10.28). De plus, Jésus a porté sur la croix nos souffrances et nos maladies (És 53.4-5). Il désire guérir notre corps et notre âme et nous libérer des démons. C'est d'ailleurs ce qu'il a fait en venant sur la terre.

*Le soir venu, on lui amena beaucoup de démoniaques.
Il chassa les esprits par sa parole et guérit tous les malades.
Ainsi s'accomplit ce qui avait été dit
par l'entremise du prophète Esaïe :
Il a pris nos infirmités et il s'est chargé de nos maladies.*

Matthieu 8.16-17 (*NBS*)

La prière de guérison, qu'elle soit pour le corps, l'âme ou l'esprit, s'appuie sur la volonté de Dieu de guérir. Jésus est toujours vivant, assis à la droite de Dieu (Ac 2.33 ; Rm 8.34 ; Hé 8.1 ; 1 P 3.22) pour répondre à nos prières et pour nous guérir. En effet, il est retourné au ciel après sa résurrection, d'où il intercède en faveur des croyants (Hé 7.25 ; 1 Jn 2.1). La nature à la fois humaine et divine de Jésus fait de lui le parfait médiateur entre Dieu le Père et les humains.

Certains théologiens disent que Dieu ne guérit plus aujourd'hui. D'autres affirment que c'est notre manque de foi qui explique l'absence de réponse à certaines de nos prières. Selon ma compréhension des Écritures et d'après mon expérience, je suis convaincu que Dieu guérit encore miraculeusement aujourd'hui. Toutefois, je crois que la guérison est un cadeau de Dieu. Nous ne pouvons pas la réclamer comme un droit sur la seule base de notre foi. Dieu est souverain[33]. Il est tout puissant et il fait ce qu'il veut. Il est libre de toute contrainte dans ses décisions. Il n'est pas forcé d'exercer sa bonté sur la simple demande des hommes. Le but de Dieu n'est pas de nous guérir tous, mais de nous dévoiler la promesse du monde à venir : un jour, *il essuiera toute larme de leurs yeux, et la mort ne sera plus, et il n'y aura plus ni deuil, ni cri, ni douleur* (Ap 21.4). La guérison n'est donc pas l'essentiel de la mission de l'Église, mais le signe récurrent qui démontre la venue du Royaume de Dieu.

Nous pouvons, cependant, nous attendre à son intervention dans le temps présent, car il est dans la nature de Dieu d'être bon. De plus, il apprécie tellement lorsqu'une personne s'approche de lui et l'honore avec une foi sincère (Mt 8.10 ; Hé 11.6). C'est pourquoi la guérison devrait être considérée comme la règle et non l'exception, selon moi. Dieu est si bon que nous pouvons prier et nous attendre à des guérisons instantanées ou progressives en réponse à nos prières. Toutefois, il peut choisir de ne pas guérir (2 Co 12.7-9). Il a ses raisons. Un vrai disciple sait lui dire *que ta volonté soit faite*. Il sait que s'il n'est pas guéri, cela ne change rien à l'amour que Dieu a pour lui ou que lui a pour Dieu. Il passera, de toute façon, l'éternité en sa présence.

La voix de Dieu

Nous savons que Dieu désire parler à des personnes sincères qui s'approchent de lui pour exposer honnêtement leur vie. Avant d'aller plus loin, j'aimerais rassurer les personnes qui ont peur des prières visant à entendre la voix de Dieu et exhorter celles qui sont sceptiques à leur égard ou qui croient qu'il s'agit là d'expériences ésotériques. La Bible rapporte plusieurs situations où des chrétiens ont reçu des instructions de Dieu, que ce soit en vision ou sous forme audible ou intuitive. Par exemple, nous lisons dans le livre des Actes qu'Ananias reçoit une vision pendant qu'il prie. Le Seigneur lui dit de se rendre à une rue précise pour y rencontrer un certain Paul, qui récemment encore persécutait les chrétiens. En même temps, Paul, lui aussi en prière, entend le Seigneur lui dire qu'un certain Ananias, qu'il ne connaît pas, viendra le visiter (Ac 9.10-19). Cette situation n'est pas unique. Je crois donc que les chrétiens peuvent tous entendre Dieu les guider d'une manière personnelle. D'ailleurs, Jésus dit que ses brebis reconnaissent sa voix (Jn 10.27).

L'apôtre Paul dit également que nous devrions tous aspirer à recevoir des paroles prophétiques pour les autres (1 Co 14.1). Il nous faut, cependant, accepter que les connaissances tirées de l'écoute de Dieu restent partielles et que notre écoute ne sera jamais aussi claire qu'un véritable face à face avec Dieu (1 Co 13.9,12). Reste qu'une démarche de prière qui cherche à entendre ce que Dieu dit est tout à fait scripturaire et que les dons de révélation (prophétie, paroles de connaissance, paroles de sagesse, discernement des esprits) sont particulièrement utiles pour les aidants en prière de guérison intérieure. Cependant, Dieu les distribue comme il le veut, d'où l'importance du travail d'équipe (1 Co 12.11). Notons aussi que nous sommes appelés à développer de tels dons une fois que nous les avons reçus (1 Tm 4.14; 2 Tm 1.6). Alors, n'hésitons pas à lui demander de nous combler. Jésus et son Père ont toujours encouragé cette soif chez ses disciples.

> *Demandez, et l'on vous donnera ;*
> *cherchez, et vous trouverez ;*
> *frappez, et l'on vous ouvrira.*

Matthieu 7.7

> *J'ai cherché l'Éternel, et il m'a répondu ;*
> *il m'a délivré de toutes mes frayeurs.*

Psaume 34.4

> *Je vais me placer à mon poste de garde,*
> *je vais me tenir sur le rempart ;*
> *je vais guetter pour voir ce qu'il me dira,*
> *et ce que je répondrai au sujet de mes doléances.*

Habacuc 2.1 (*NBS*)

Une rencontre avec Jésus

Un jour, Jésus a fait une déclaration vraiment étonnante : « Je suis le chemin, la vérité, et la vie. Nul ne vient au Père que par moi. Si vous me connaissiez, vous connaîtriez aussi mon Père. » L'apôtre Philippe a répondu : « Montre-nous Dieu le Père. » Et Jésus lui a répliqué : « Celui qui m'a vu a vu le Père ! » (Jn 14.6-9) Cette affirmation du Seigneur était un scandale pour les Juifs. Toutefois, puisque c'est la vérité, nous devons plutôt dire : « Quelle chance inouïe ont eue ceux et celles qui ont pu voir Jésus, le toucher, l'entendre et discuter avec lui ! »

Ce qui est merveilleux, c'est que Jésus est toujours « le chemin » vers Dieu (Jn 14.6) et que nous pouvons encore le rencontrer en priant. Il désire une relation avec nous. Les aidants mettent donc en place les conditions pour que l'aidé ait une véritable rencontre divine et qu'il reçoive la guérison directement de Dieu. L'aidé lui expose son cœur. Il lui présente son âme – incluant l'imagination, la pensée et les émotions – pour qu'elle soit guérie. En PGI, l'âme (*psuche* en grec, d'où le mot psyché ou psycho) n'est pas la source de sa propre guérison. L'Esprit divin dévoile les secrets de l'âme en révélant des souvenirs enfouis, puis Jésus guérit.

Les aidants accueillent donc chaleureusement l'aidé et lui offre de se mettre à son aise. Lors de la première entrevue, ils lui expliquent leur manière de fonctionner[34] et ils lui demandent quelles sont ses attentes. Lors des entrevues subséquentes, ils discutent d'abord avec lui des événements qui ont marqué sa semaine. Puis, vient le moment où la prière change toute la dynamique de l'entrevue. Les aidants remercient alors Dieu pour la faveur d'entrer dans sa présence[35]. Ils invitent le Seigneur à manifester cette présence de manière tangible. Cette prière n'est pas formelle, mais spontanée, dirigée par l'Esprit. Elle peut être ponctuée par de brèves pauses. Les aidants prononcent en général des paroles qui suscitent l'adoration et l'action de grâce. Ils peuvent aussi bénir l'aidé et déclarer la paix sur lui. Ils demandent l'onction divine pour diriger leur travail. Cette prière d'introduction se termine lorsqu'une ambiance de révérence et de paix règne dans la pièce.

L'aidant qui anime[36] enchaîne en instruisant l'aidé pour qu'il puisse interagir avec le Seigneur. Il lui suggère de se rappeler un bon moment qu'il a déjà eu ou de s'imaginer un endroit où il serait bien, pour ensuite y inviter Jésus. Le souvenir heureux le plus souvent évoqué est une fête de famille où l'harmonie régnait. Ceux qui choisissent plutôt un endroit agréable s'imaginent souvent au bord de la mer ou sur une montagne. D'autres enfin préfèrent le rencontrer dans leur chambre ou tout simplement là où ils sont.

Notons que les prières pour la présence et celles pour la connexion sont deux étapes différentes. Lorsque l'aidant prie pour entrer dans la présence de Dieu, cela ne veut pas dire que l'aidé est en relation avec lui. En effet, cette prière n'est que l'introduction, c'est-à-dire que l'aidé ne doit pas chercher à parler à Dieu ou à entendre Dieu lui parler. Ce premier pas vers Dieu est donc différent d'une relation qui survient en un lieu précis, à un moment précis. De plus, la présence de Dieu est plus une question de foi que de ressenti, tandis que la relation, la communion, devrait susciter des émotions. Cette dernière précision est importante et explique pourquoi certaines personnes s'exclament tout à coup : « Il est là, je le sens ! » Pourtant, il était là avant, mais le contact vient seulement de se produire.

En invitant Jésus à venir dans le lieu choisi, l'aidé génère lui-même le processus de la connexion, grâce à son imagination. Toutefois, il doit s'attendre à ce que les images qu'il a suscitées cèdent la place à des perceptions qui ne viennent pas de lui. En effet, le Saint-Esprit commence à lui parler de diverses manières pendant qu'il garde ses yeux fixés sur Jésus. Au début, l'aidant prie pour que Jésus communique son amour à l'aidé et il guide celui-ci pour qu'il puisse l'accueillir. Après un temps d'attente en silence, l'aidant demande à l'aidé s'il sent sa présence. La communion avec Jésus est souvent ressentie comme une chaleur, un bien-être, une attention personnelle aimante et enveloppante. Parfois, l'aidé est déjà plongé dans un dialogue avec le Seigneur. Certains le voient bouger. D'autres perçoivent qu'il touche leurs épaules ou leurs mains. Notons qu'un contact aussi intime et aussi précis n'est pas nécessaire pour que le reste de l'intervention soit efficace. Même une sensation plutôt vague de la connexion avec Jésus permet aux aidants d'aller de l'avant. Voici quelques exemples.

Nicole se voit dans le bois et prend la main du Seigneur, comme lorsqu'elle aimait beaucoup prendre la main de son père lors du rare temps qui lui consacrait.

Sylvestre retourne à un endroit où il avait eu un bon temps avec Dieu, la tête contre son épaule. Il sent la présence de Dieu.

Djibril voit son père « dans une bonne ambiance ». Il voit aussi du riz, son mets préféré. Nous en concluons que Dieu le Père est bienveillant et qu'il veut lui donner de bonnes choses.

Mélodie vient de s'acheter une maison au bord d'un lac. Elle désire rencontrer Jésus à cet endroit, sur le bout du quai. Elle ressent sa présence sous la forme d'un grand calme, ce qui ne lui arrive pratiquement jamais, nous dit-elle, car elle a été diagnostiquée TDAH[37].

Johnny choisit un endroit au bord d'un lac. Il s'agit d'un terrain qu'il a acheté. Il y voit Jésus.

Nous avons même observé que le Seigneur apportait parfois des guérisons de façon souveraine, dès le moment de connexion.

Martine voit une femme qui attend à l'entrée d'une cour entourée d'un mur. Le portail est ouvert. Ma partenaire-aidante perçoit que c'est la cour de son enfance. Nous demandons au Seigneur de nous amener à l'intérieur. Nous discutons tout en gardant les yeux fixés sur la vision. Il semble que le voyage en Afrique que Martine prépare en ce moment lui fait peur parce qu'elle ne veut pas revivre les choses de son enfance. Mais elle voit, à l'intérieur de la cour, l'arbre où elle grimpait quand elle était jeune et se rappelle le plaisir que cela lui procurait. Il y avait donc aussi de bonnes choses dans son enfance, qu'elle avait oubliées, semble-t-il. Ces images la rassurent énormément quant à son prochain voyage.

Ce temps de prière visant à appeler la présence de Dieu, puis à se connecter avec Jésus, ne doit pas être perçu comme une banale introduction aux choses plus sérieuses. Tout le succès de notre entreprise en dépend. Nous devons donc prendre le temps de bien faire ces étapes. De plus, une attitude d'adoration et de repentance est nécessaire en présence de Dieu, pour l'aidé comme pour les aidants. Leanne Payne insiste sur ce point.

> Nous soumettons toute pensée de notre intelligence et toute imagination de notre cœur à Christ, qui est le Seigneur de notre vie. [...] C'est une prière où nous nous mettons à l'écoute silencieuse de sa voix, de sa réponse aux cris qui jaillissent de notre cœur et qui éclatent sur nos lèvres. [...] La prière qui précède toutes les prières est celle-ci : *fais que ce soit le moi réel qui parle, que ce soit le vrai Toi à qui je m'adresse*[38].

Une fois la connexion établie, l'aidant demande au Seigneur de communiquer à l'aidé une direction pour la rencontre. Tous attendront en silence, les yeux fixés sur Jésus. Après quelques minutes, l'animateur demande à l'aidé s'il perçoit quelque chose. Cela peut être seulement un mot, une idée, une impression, une image ou un vague souvenir. Voici quelques exemples de direction.

> Maurice entend trois mots : « armure », « amour » et « patience ». Nous discutons du sens de ces mots. Nous pensons à une protection. Plus tard dans la rencontre, l'armure s'avère être aussi une prison.

> Pedro choisit comme lieu de rencontre une roche dans le milieu d'une rivière. Jésus vient lui mettre la main sur la tête et relève son visage. Il calme Pedro, car il est agité, et il lui

dit que cela va s'arranger. Ensuite, l'homme voit un bébé et entend le mot « dragon ». La direction reçue ici évoque son principal souci : l'enfant qu'il a conçu dans l'adultère.

Jésus prend les mains de Lucie. Puis, il met sa main sur son épaule et il lui dit de ne pas s'en faire. Elle est touchée. Ensuite, il lui montre un tableau noir. Elle interprète cela dans le sens de sa scolarité. Récemment, elle a réussi, bien que difficilement, un examen qui lui permettra d'entrer à l'université. Cela réduit son sentiment d'échec scolaire. Je lui propose une autre interprétation possible et lui demande ce qu'elle en pense. Cela pourrait être sa tendance à voir les choses négativement. Le tableau brossé est sombre. Elle est d'accord qu'elle doit sans cesse se battre contre cette tendance pessimiste. Ma coéquipière, pour sa part, mentionne que cela pourrait représenter le fait que Dieu ne lui donne pas de réponse, car il n'y a rien d'écrit sur le tableau. En effet, Lucie n'ose même plus lui poser de questions. Nous retournons dans la présence de Jésus et lui demandons quelle est la bonne interprétation. Elle voit derrière le tableau noir, un ciel bleu et un chemin bordé chaque côté d'herbe verte qui va au ciel. Nous concluons que toutes nos interprétations sont bonnes, mais surtout que Jésus lui offre de changer le tableau actuel de sa vie.

La suite de la rencontre servira à explorer et à prier pour les éléments reliés au thème qui a été donné au moment de la direction.

Le rôle des aidants

Si c'est Dieu qui apporte la guérison lors des rencontres, cela ne veut pas dire que les aidants n'ont aucun rôle à jouer. Ils agissent comme des intermédiaires qui accompagnent l'aidé dans sa connexion avec le Seigneur. Ils lui donnent des instructions. Ils incarnent l'amour que Dieu lui porte. Ils intercèdent en sa faveur. Ils contribuent à faire descendre l'onction divine et à suivre sa direction en gardant les yeux fixés sur les révélations pour ne pas faire dévier la conversation sur des points secondaires. Ils suggèrent des prières pertinentes pour chaque situation et les scellent par des déclarations qui ont de l'autorité dans le ciel et sur la terre. Enfin, tout au long du parcours, ils célèbrent d'avance la victoire et maintiennent cette atmosphère de jubilation qui est le fruit de la présence de Dieu.

Il arrive que les aidants reçoivent, eux aussi, des révélations. Elles peuvent confirmer celles de l'aidé ou contribuer à sortir d'une impasse. La fonction d'écoute n'est pas réservée à un seul aidant. En effet, ils travaillent en équipe de deux et peuvent se concentrer sur l'écoute de Dieu à tour de rôle. De plus, celui qui anime, comme celui qui est à l'écoute, peut recevoir des choses pour l'aidé. L'important est que les aidants travaillent en harmonie, en se passant la parole sans créer trop de changements de direction pendant la séance.

Lorsque les aidants s'approchent de Dieu, ils ne sont pas de simples serviteurs. Ils ont, eux aussi, une relation avec lui. Il arrive donc que celui-ci leur parle de choses personnelles. Il peut les rassurer quant à leurs doutes, leur incompétence ou leurs craintes. Ainsi, les aidants entrent eux-mêmes dans la dimension de la présence réelle de Dieu, faisant de la prière de guérison intérieure, non pas une simple technique de guérison, mais une rencontre collective. Celle-ci devient donc une célébration de l'intervention divine auprès des humains.

L'écoute des aidés

La connexion de l'aidé est parfois difficile au départ. Il y a plusieurs moyens d'y pallier. Par exemple, lorsque l'aidé ne perçoit rien et ne ressent rien, l'aidant peut l'inviter à entamer une conversation avec le Seigneur, puis à attendre la réponse dans son esprit. Ceci active sa foi et la communication. L'animateur peut aussi aider la personne à sortir de l'impasse en lui proposant de poser la question suivante au Seigneur : « Qu'est-ce qui m'empêche de connecter ? »

Nous avons observé que ce qui empêche le plus souvent une personne de connecter est une mauvaise relation avec Dieu. Parfois, l'aidé lui en veut à cause d'un traumatisme qu'il a subi. Cela est souvent inconscient, mais le processus de la prière le révèle. Pour d'autres aidés, le blocage vient du fait qu'ils projettent les caractéristiques d'un père terrestre imparfait sur Dieu le Père. Par exemple, si le père biologique était sévère ou abuseur, ils craignent que Dieu n'agisse de même envers eux. Il peut être utile alors de rappeler à ces aidés les différences entre le Père céleste et ses parents humains, comme le montre le tableau qui suit.

Parentalité	Les parents humains	Le Père céleste
Justice	Imparfaite	Parfaite
Intégrité	Inconstante	Constante
Disponibilité	Limitée	Illimitée
Amour	Conditionnel	Inconditionnel
Empathie[39]	Partielle	Totale
Héritage	Incertain	Assuré

Dans tous ces cas, il faut amener l'aidé à exprimer à Dieu ce qu'il ressent. Cela crée une drôle de situation. En effet, il peut être intimidant d'aller vers Dieu pour lui dire qu'on lui en veut, qu'on le tient pour coupable d'avoir autorisé nos mauvaises expériences ou qu'on a peur qu'il ressemble à notre père terrestre. Cela crée un paradoxe, puisque Dieu est parfait et qu'il ne peut pas être coupable de quoi que ce soit. Dans une telle situation, la pensée humaine est forcée de s'aligner avec ces vérités bibliques, ce qui a pour effet de débloquer la capacité de l'aidé d'entrer en dialogue avec Jésus.

D'ailleurs, nous avons observé que la majorité de nos aidés ont vécu positivement cette expérience. D'abord, ils ont été accueillis avec amour par le Seigneur. Ensuite, ils ont compris que Dieu était triste à propos du mal qu'ils avaient subi. Ils ont aussi saisi que leurs traumatismes avaient été causés par des humains. Dieu n'avait pas empêché qu'ils ne se produisent, mais il souffrait avec eux. Plus encore, il était là maintenant et il pouvait les affranchir de leurs séquelles. Nous avons donc constaté à maintes reprises que ces prises de conscience conduisaient à une réconciliation avec Dieu.

Le fait de régler dès le départ les mauvaises perceptions que l'aidé entretient sur Dieu est une guérison en soi, car le Seigneur désire, tout comme nous, enlever les filtres qui empêchent une personne de le connaître tel qu'il est. L'histoire suivante illustre comment nos blessures peuvent nous éloigner du Seigneur, alors que nous devrions au contraire chercher la guérison en lui. Notons que cette conversation n'a pas eu lieu au moment de la connexion initiale. Les aidants sont intervenus ici davantage qu'ils ne l'auraient fait d'habitude au début d'une rencontre.

L'aidante propose à Carole qu'on demande à Dieu de nous parler de la notion de contrôle. Après un temps d'écoute, notre aidée entend : « Abandonne-moi le contrôle. » Mais

Carole ressent de la colère. À propos de quoi ? « Contre Dieu, […] pour l'insomnie », dit-elle en gardant les yeux fixés sur Jésus pendant que l'aidante lui parle. Nous prions d'abord pour trouver l'origine de cette insomnie.

Carole se voit petite fille dans son lit, en colère parce qu'elle ne peut pas obtenir l'attention de ses sœurs aînées. Elle se sent abandonnée. Y a-t-il d'autres émotions ? Elle pense encore à sa colère actuelle contre Dieu. Je lui suggère donc de parler à Dieu de son émotion négative. Elle le fait très rapidement et ne laisse pas à Dieu le temps de lui répondre. Je lui suggère de retourner dans la présence de Jésus et d'écouter, cette fois, ce qu'il dira. Elle nous rapporte après quelques minutes ce qu'elle entend : « Je suis là malgré tout. »

L'aidante suggère alors à Carole de demander pardon pour sa colère envers ses sœurs et envers Dieu. J'explique que l'amour est un don, pas un droit. Elle ne pouvait pas exiger l'amour de ses sœurs. J'explique de plus que l'insomnie qu'elle vit en ce moment peut très bien être reliée à l'amertume qu'elle a traînée depuis son enfance. En effet, elle nous disait qu'elle était frustrée et qu'elle se sentait abandonnée et en colère au moment du dodo. Elle doit renoncer à tout cela. Elle confesse donc sa colère et renonce à l'atmosphère négative de sa routine de sommeil. Elle coupe les liens qu'elle visualise avec la frustration et avec la colère contre Dieu et contre ses sœurs. L'aidante conduit ensuite la grande Carole afin qu'elle aille prendre soin de la petite Carole dans son souvenir.

Nous avons observé, trois semaines après cette intervention, non seulement que la relation avec Dieu s'était beaucoup améliorée, mais que le problème d'insomnie chronique qui durait depuis des décennies avait également été résolu. Toutefois, elle me disait récemment que ce problème est revenu[40].

Ce n'est pas toujours la colère qui nous éloigne de Dieu. Dans le cas d'une autre aidée, que nous nommerons Roxane, l'obstacle était la honte. Notons que celle-ci avait réussi au départ à établir une bonne connexion avec Jésus, mais qu'elle a bloqué lorsque nous avons abordé ce sujet.

Je redonne brièvement les explications à Roxane pour qu'elle se connecte avec Jésus afin de lui exposer le sujet dont nous venons de parler, sa vulnérabilité. Elle n'y arrive pas. Je prie pour que le Seigneur lui explique pourquoi elle a de la difficulté. Elle visualise une croix, symbole de la vulnérabilité ultime. Cependant, elle ne comprend pas l'application. Je prie pour l'interprétation. Je lui demande d'aller dans son sentier à nouveau (son lieu de connexion). Elle dit que Dieu lui parle, mais qu'elle bloque. Elle pense qu'il lui montre l'exemple de Jésus pour qu'elle comprenne qu'il y a une grande force dans l'extrême vulnérabilité. Elle comprend l'idée qu'elle doit apprendre à mourir à elle-même. Je lui demande quel serait le risque de se montrer tel qu'elle est à Dieu. Elle a peur de ne pas avoir de valeur à ses yeux, de ne pas être digne. Je lui demande si on peut être à la hauteur de Dieu. Avec sa tête, elle comprend que non. Ma partenaire-aidante mentionne que Roxane s'identifie peut-être à Jésus sur la croix : celui qui a été rejeté et sur qui la honte est tombée. Il lui dirait : « Je te comprends. » Je cite Psaume 22, que Roxane ne semble pas connaître.

> *Et moi, je suis un ver et non un homme,*
> *L'opprobre des hommes et le méprisé du peuple.*
> *Tous ceux qui me voient se moquent de moi,*
> *Ils ouvrent la bouche, secouent la tête.*
>
> Psaume 22.7-8

Roxane exprime alors à Jésus son désir de connexion. Je renchéris en priant pour qu'elle puisse s'approcher en se sentant acceptée et comprise. Elle renonce à la honte de vivre. Je lie l'esprit de honte et proclame qu'elle peut se sentir pleinement acceptée de Jésus. Elle visualise la honte comme un paquet qu'elle dépose au pied de la croix et elle pleure. Puis, elle décide qu'elle jette le paquet au feu.

Nous voyons ici que le fait qu'un chrétien n'entende pas la voix de Dieu ne signifie pas toujours que le Saint-Esprit a été attristé par un péché. Nos blessures ont autant le potentiel de nous garder loin de Dieu que nos péchés.

L'exploration

Le thème évoqué lors de la direction initiale est ensuite approfondi. Il faut explorer les images, les paroles et les souvenirs qui sont rapportés. Comme le faisait Jésus, nous travaillons à partir de ce que Dieu nous montre (Jn 5.19). Nous pouvons demander à l'aidé ce que les choses perçues évoquent pour lui. Les discussions qui suivent sont souvent très enrichissantes. Nous pouvons aussi écouter Dieu de nouveau afin qu'il précise ce qu'il est en train de révéler. Habituellement, il nous faut nous remettre en mode d'écoute à plusieurs reprises avant de saisir correctement de quoi il nous parle.

Dans le contexte de la prière de guérison intérieure, les aidants ne doivent jamais juger comme non pertinente une révélation reçue par l'aidé dans la présence de Dieu. Jusqu'à preuve du contraire, c'est une communication de l'Esprit. Toute information, même en apparence banale ou farfelue, reçue dans les temps d'écoute sera donc traitée avec le plus grand respect. Son analyse conduit dans la très grande majorité des cas au dévoilement du cœur du problème. La révélation a une origine sacrée et porte en elle-même le pouvoir de générer la guérison. C'est pourquoi l'imagination sanctifiée et la mémoire des souvenirs illuminée – pour reprendre les termes de Leanne Payne – ont priorité sur l'imagination et les souvenirs naturels obtenus grâce aux capacités ordinaires de l'aidé.

Dieu connaît les zones stratégiques et il nous y conduit. Nous arrivons ainsi à une mémoire qui explique l'installation de la souffrance et les réactions qui ont suivi. Si cela ne se produit pas spontanément, nous demandons au Seigneur un souvenir qui contient la clé de la guérison (souvenir-clé). L'exploration peut prendre deux formes : linéaire ou globale. Dans le premier cas, le souvenir-clé rappelle l'origine dans le temps du premier trauma significatif dans un domaine précis, comme nous le voyons dans l'histoire suivante.

> Nous prions pour comprendre l'origine du sentiment d'insécurité de Julie. Elle pense d'abord au fait que sa sœur ne comprenait pas ce qu'elle sentait et qu'elle ne la protégeait pas. Nous prions pour un souvenir plus lointain. Elle se souvient vaguement d'une chute en vélo. Nous écoutons de nouveau le Seigneur et descendons toujours le fil du temps. Elle se souvient de son insécurité lors de sa première journée d'école. Il y a toujours ce sentiment de ne pas être bien et de ne pas pouvoir le dire. Elle se voit, encore plus jeune, les doigts pris dans la porte d'entrée, n'appelant personne au secours. En priant de nouveau, elle ressent ce qu'elle avait senti en se couchant le soir dans la première maison où elle a habité : de l'anxiété s'il n'y a pas de lumière et si ses parents sont loin. Elle a plusieurs petits souvenirs de plus en plus précoces. Enfin, l'aidante demande au Seigneur si elle a senti de l'insécurité dans l'utérus de sa mère. Elle ressent que ses parents n'avaient pas une joie intense au moment où elle est née, que l'attention n'était pas toute sur elle.

Une fois que nous avons découvert la racine, comme dans le cas de Julie, il ne nous reste plus qu'à prier pour l'extraire afin d'apporter la guérison aux souvenirs douloureux. Nous détruisons ainsi un moule de pensée qui s'est reproduit tout au long de la vie de l'aidé.

Dans l'exploration globale, le souvenir-clé est représentatif de l'ensemble du tableau et rassemble divers éléments enchevêtrés. Il conjugue de multiples souvenirs interconnectés pour en tirer une vision panoramique et ainsi mieux révéler les liens entre les divers éléments rapportés. Le souvenir-clé sera représentatif de ce réseau enchevêtré de traumatismes, car plusieurs situations similaires se sont produites dans la vie de l'aidé. En priant pour les souffrances reliées à ce souvenir-clé typique, nous toucherons en même temps à toutes ces situations ainsi que le rapporte l'histoire de Jean.

> Peu après ma prière pour une meilleure compréhension, Jean voit une circonstance où son père lui a fait de gros yeux. Cela lui rappelle d'autres situations semblables, qui se produisaient toujours quand il essayait d'argumenter ou de dire son point de vue. Il a donc cessé de s'exprimer parce que cela ne donnait rien et il s'est renfermé sur lui-même.

Mieux nous réussirons à remonter à la racine d'un trauma ou à reconstituer les tableaux enchevêtrés, plus nous serons efficaces pour briser les moules et le réseau de pensées erronées. Toutefois, certains obstacles peuvent rendre la phase d'exploration plus difficile. Par exemple, nous avons parlé au premier chapitre de l'effet sur la mémoire d'un syndrome post-traumatique. Si l'aidé souffre d'amnésie pour un moment précis de sa vie, il se peut que son cerveau ait mal enregistré des événements. Cet obstacle à l'exploration peut être surmonté en priant pour rassembler les souvenirs conservés en divers endroits du cerveau.

Les mécanismes de défense psychologiques sont également des obstacles à l'investigation. Ils visent à nous éviter de souffrir. Toutefois, ils deviennent rapidement des prisons, car le refoulement, la négation, l'évitement, la projection, le déplacement de la peur sur un autre objet (phobie) ou la fuite de la réalité (dissociation, dépendance) sont des réactions imparfaites. Elles conduisent à l'esclavage. La vraie liberté ne peut venir qu'en exposant ce qui a fait mal pour en extirper le venin. En effet, si nous apportons la guérison à la blessure sous-jacente, les mécanismes de défense n'ont plus leur raison d'être. L'aidé sera ainsi libre et capable d'affronter de nouveau la vie. Les psychanalystes ont cherché des méthodes pour contourner ces défenses afin de connaître les blessures et les conflits de leurs patients. Freud a analysé les rêves ; Jung a opté pour l'association libre de mots, etc. En prière de guérison intérieure, le Saint-Esprit contourne les résistances. Il parle initialement très souvent dans un langage symbolique, ce qui rend le système de défense inefficace. Toutefois, cela n'empêche pas les gens de ressentir de la souffrance. Ainsi, bien que mon hypothèse de départ était que la souffrance serait presque nulle dans la présence du Seigneur, le sondage que j'ai effectué auprès des aidés a montré qu'ils avaient vécu l'exploration assez difficilement. Seulement 31 % des sondés ont eu peu ou pas de douleur ; 51 % ont expérimenté un malaise modéré et 18 % ont vécu une grande souffrance. Malgré tout, l'Esprit rend l'exploration possible en un court laps de temps, ce qui n'est pas le cas en psychothérapie.

La connexion, la direction, l'exploration d'un thème et les prières visant à guérir un souvenir-clé constituent ce que je nomme un cycle d'écoute. En général, il nous faut environ deux heures pour compléter un tel cycle. Il arrive parfois que nous ayons le temps de faire deux cycles au cours d'une rencontre.

Nous n'avons pas encore parlé des interventions que nous faisons pour apporter la guérison à l'aidé à partir de ses souvenirs. Dans le prochain chapitre, je vous exposerai diverses prières efficaces.

5
Des prières pour l'âme

Toutes les écoles de relation d'aide utilisent des outils qui les caractérisent. Les psychanalystes, par exemple, croient que le fait de verbaliser les émotions et les conflits est thérapeutique en soi. L'approche cognitive confronte les fausses croyances de l'aidé à la réalité. La prière de guérison intérieure a aussi ses propres outils. Après la phase d'exploration, lorsque vient le temps d'apporter la guérison aux souvenirs traumatiques, nous accompagnons l'aidé pour qu'il dépose ses souffrances au pied de la croix. Nous l'aidons ensuite à pardonner aux coupables. Puis, nous lui demandons de confesser ses mauvaises réactions aux traumatismes. Également, nous le délivrons, au besoin, de divers liens et de mauvais esprits qui ont su profiter de la situation. Enfin, tout au long du processus, nous donnons parfois quelques conseils et intervenons à l'occasion pour restaurer l'identité à partir des vérités contenues dans la Bible. Cette boîte à outils, qui contribue à la guérison, repose sur l'œuvre de Jésus à la croix, tel que l'a exprimé le prophète Ésaïe.

Cependant, ce sont nos souffrances qu'il a portées,
c'est de nos douleurs qu'il s'est chargé ;
et nous l'avons considéré comme puni, frappé de Dieu, et humilié.
Mais il était blessé pour nos péchés, brisé pour nos iniquités ;
le châtiment qui nous donne la paix est tombé sur lui,
et c'est par ses meurtrissures que nous sommes guéris.

Ésaïe 53.4-5

En effet, Jésus a porté sur la croix non seulement nos péchés, mais aussi nos maladies physiques et nos souffrances psychologiques. Il a aussi vaincu la mort. Le christianisme n'est pas la seule croyance qui parle d'un dieu-homme ou d'un dieu mourant pour donner la vie. Toutefois, elle est la seule confession de foi dont la résurrection est attestée par autant de témoins et d'historiens. C.S. Lewis, lettré d'Oxford et auteur de *Narnia*, a donc bien raison d'affirmer ce qui suit.

> Le cœur même du christianisme est un mythe qui est en même temps un fait. L'ancien mythe du Dieu qui meurt, sans cesser d'être un mythe, descend du ciel de la légende et de l'imagination sur la terre de l'histoire. Il se réalise — à une date et en un lieu précis —, et il s'ensuit des conséquences historiques définissables. Nous passons d'un Balder[41] ou d'un Osiris[42], mourant on ne sait quand ni où, à un Personnage historique (en règle) sous Ponce Pilate. En devenant fait, il ne cesse pour autant d'être mythe ; c'est là le miracle[43].

Le dépôt des souffrances

Le pardon et la confession sont souvent pratiqués par les chrétiens parce que cela fait partie de la prière que nous a enseignée Jésus : *Pardonne-nous comme nous pardonnons à ceux qui nous ont offensés.* Cependant, il arrive souvent que des chrétiens disent qu'ils ont pardonné et que la douleur a persisté. Ils ne se sentent pas libérés et guéris du traumatisme du seul fait d'avoir pardonné à leur agresseur. C'est pour cette raison que le dépôt des souffrances est un outil si important. Nous commençons donc toujours par déposer les souffrances avant de pardonner. Je compare cela à retirer le dard empoisonné d'un insecte. C'est la première étape. Les onguents et le pansement viennent ensuite.

Le dépôt des souffrances se fait au pied de la croix. Jésus le compare au miracle qui se produisait lorsqu'une personne se tournait vers le serpent d'airain dressé dans le désert par Moïse. En effet, ceux qui regardaient ce poteau autour duquel était sculpté un serpent de bronze étaient guéris des morsures de serpents que les israélites rencontraient en marchant dans le désert. De même, Jésus dit à Nicodème que tous ceux qui élèveront les yeux vers la croix pourront être guéris par la foi.

Moïse fit un serpent d'airain, et le plaça sur une perche ;
et quiconque avait été mordu par un serpent,
et regardait le serpent d'airain, conservait la vie.

Nombres 21.9

Et comme Moïse éleva le serpent dans le désert,
il faut de même que le Fils de l'homme soit élevé,
afin que quiconque croit en lui ait la vie éternelle.[…]
Dieu, en effet, n'a pas envoyé son Fils dans le monde
pour qu'il juge le monde,
mais pour que le monde soit sauvé par lui.

Jean 3.14-17

Le verbe grec traduit dans ce dernier verset par « sauvé » est le terme *sozo.* C'est un terme très large qui englobe non seulement un secours spirituel, mais aussi temporel comme la guérison. Dieu est notre secours dans toutes les situations. Jésus mourant sur la croix est la source de salut et de la guérison pour l'esprit, l'âme et le corps. Le Christ a tout pris sur ses épaules. Le mal a été littéralement aspiré par son sacrifice. Toute guérison s'opère par la foi en l'œuvre de Jésus.

Le signe du serpent d'airain est utilisé aujourd'hui comme symbole des professions vouées à la guérison (médecins, pharmaciens, etc.). Toutefois, la plupart des gens ne connaissent pas les miracles qui ont été associés à ce poteau ni la promesse de Jésus, qui compare la croix à ce signe.

Ainsi, la maison de Dieu n'est pas seulement une cour de justice visant à décréter une sentence d'acquittement à quiconque croit en Jésus. C'est aussi, dans bien des cas, un hôpital qui a pour but de restaurer ceux qui font confiance à Dieu. Cela est vrai, non seulement pour le corps, mais aussi pour l'âme, qui souffre de divers problèmes à cause du péché et des malédictions qui s'en suivent. Dieu ne s'intéresse pas uniquement à notre vie dans l'au-delà.

Préconisant parfois l'unique dimension juridique du salut, les chrétiens évangéliques ignorent à tort un aspect fort développé et enseigné par les Pères de l'Église au cours des siècles. Il s'agit de la conception du salut comme étant la guérison de nos maladies spirituelles. D'ailleurs, dans la Bible, les images du péché associées à la maladie sont nombreuses et significatives. Elles révèlent le péché non simplement comme une transgression qui mérite le châtiment, mais comme un désordre de la santé spirituelle de l'homme après sa chute qui nécessite la restauration spirituelle. Le remède à ces maladies de l'âme provient évidemment du Christ le Grand Médecin qui s'incarne, étant lui-même le Fils de Dieu devenu le Second Adam ou l'homme nouveau. Lorsque nous prenons en compte le sens du mot « salut » en grec (σωτηρια), qui désigne non seulement la délivrance, mais aussi la guérison, alors l'image médicale trouve son fondement scripturaire[44].

En prière de guérison intérieure, le dépôt des souffrances se fait idéalement à partir d'un souvenir-clé. Il est rare, toutefois, que toute les souffrances émergent au moment où la personne reçoit ce souvenir. C'est pourquoi nous demandons à l'aidé d'imaginer Jésus à ses côtés, de prendre sa main et de descendre de nouveau jusqu'à ce souvenir. Le fait de prendre la main du Seigneur rassure l'aidé, car nous irons à la rencontre d'une blessure qui, par nature, lui fait peur. Ensuite, nous prions Dieu pour qu'il replonge l'aidé dans l'ambiance de ce souvenir et qu'il lui rappelle les perceptions de ses cinq sens. Pendant qu'ils attendent, les aidants peuvent intercéder pour que la scène semble bien réelle à l'aidé. Cette connexion sensorielle favorise la remémoration des sentiments bien plus que n'y contribuerait un simple rappel intellectuel des faits. En effet, lorsque l'aidé tente de verbaliser sa connexion avec le souvenir, il active ses lobes frontaux et rationalise davantage.

En visualisant le souvenir, les gens peuvent parfois décrire les odeurs, les couleurs et les bruits, comme s'ils étaient réellement là. Toutefois, même si l'aidé n'a pas une image haute définition du souvenir, cette approche lui permet toujours de récupérer au moins une partie des perceptions sensorielles et des sentiments du moment.

Nous demandons à l'aidé de mettre des mots sur chaque émotion et chaque pensée qu'il a eues : peur, colère, violence, amertume, haine, malice, écœurement, dégoût, etc. Cette démarche se fait en silence de manière à favoriser la venue des perceptions et des émotions. L'animateur demande à l'aidé de l'avertir lorsqu'il aura fini de faire silencieusement l'inventaire de ses sentiments, puis de lui dire les mots qu'il a identifiés pour nommer ses souffrances. Ensuite, l'aidant explique à l'aidé qu'il peut se représenter ses souffrances comme si elles étaient des objets. Il lui suggère alors de les mettre dans un sac à ordures afin de les déposer au pied de la croix. Cette image est très populaire, mais elle n'est qu'un exemple. Toute image évoquant la mise au rancart définitive des souffrances est efficace si elle est associée à la crucifixion de Jésus. Nous pourrions, par exemple, les clouer sur la croix ou les donner en mains propres au Jésus ressuscité, debout à côté de la croix.

Il arrive que les aidés sautent des étapes, par exemple, en déposant une souffrance factuelle, peu ressentie, dès qu'ils reçoivent le souvenir-clé. Dans ces cas, il nous faut les guider afin de mettre en place les conditions pour une meilleure connexion émotionnelle. Dans l'exemple qui suit, la seconde connexion était très forte, et Jésus a commencé à faire du ministère auprès de notre aidé. Ma partenaire-aidante a alors aussi contribué à la guérison de l'aidé en priant pour briser un moule de pensée.

> Serge se rappelle l'épisode houleux de sa vie au cours duquel sa mère tentait de retenir son frère qui voulait aller prendre de la drogue. Il dépose des souffrances au Seigneur dès qu'il reçoit la vision de son souvenir-clé. Il me les mentionne ensuite : impuissance, culpabilité. Après lui avoir expliqué l'importance d'une connexion émotionnelle, nous retournons dans le souvenir, avec Jésus cette fois, pour prendre soin du petit Serge. Il a alors une vision en haute définition, beaucoup plus détaillée. Il revoit les meubles de la cuisine, les cuillères décoratives au mur. Puis, dans la vision, Jésus et le Serge adulte entourent le petit Serge et lui disent qu'il n'a pas à prendre cela sur son dos. Serge décrit cela. Ma partenaire-aidante prie alors pour briser le joug et le lien (moule de pensée) qui le pousse à vouloir sauver les gens encore aujourd'hui.

Notons que dans cet exemple, l'aidé retourne dans le souvenir en tant qu'observateur. Il va à la rencontre de son « moi » enfant. Il peut alors ressentir les choses comme l'enfant les a ressenties à l'origine. Cependant, il peut aussi penser comme un adulte raisonnable et ainsi conseiller et consoler l'enfant en lui. Toutefois, il n'agit pas seul. Il collabore avec Jésus dans ce travail de guérison de l'âme.

Bien que la technique ait une certaine importance en prière de guérison, Dieu demeure souverain et il peut intervenir de bien des manières. Ainsi, l'histoire qui suit décrit une situation où toute souffrance a disparu à la suite d'une prière que j'ai faite au moment où nous remontions à l'origine d'un trauma, avant même que l'aidé n'ait eu le temps de faire le dépôt de ses souffrances.

Pendant la prière, Viviane se voit à l'âge de deux ans, éveillée soudainement par le bruit d'un avion. Elle parle aussi de sa mère qui a peur d'accoucher dans un pays dont elle ne connaît pas la langue. Nos deux stagiaires perçoivent que le problème remonte à la grossesse. Je commence donc à prier à la fois pour la Viviane de deux ans et pour celle qui était dans le ventre de sa mère. Je demande au Seigneur de prendre soin de l'enfant qui se sent brassée et qui a peur du bruit. Ma partenaire-aidante propose ensuite de retourner dans le souvenir pour que l'aidée connecte avec ses émotions. Mais Viviane affirme qu'elle n'a plus peur, car elle a déjà eu une vision pendant ma brève prière. Elle a vu la main de Jésus sur le ventre de sa mère et elle a perçu une vapeur noire sortir, qu'elle identifie à la peur. Elle a ensuite renoncé à cette peur et se sent maintenant en paix.

Plus le souvenir est ancien, plus il sera vague, mais cela n'empêche pas l'aidé de mettre des mots sur les sensations ressenties. J'ai été étonné lorsque j'ai découvert la possibilité de remonter si loin dans la conscience d'une personne. Je dois dire que j'ai eu peur à ce moment-là de déclencher une psychose chez notre aidée, car je savais que certains troubles psychotiques sont reliés au vécu de la première année de vie. Avant d'aller plus loin, j'ai donc avisé Francine du risque qu'elle encourait. J'ai aussi parlé à son mari. Malgré ma mise en garde, ils ont tous deux accepté que nous procédions à ce genre de prière. Par conséquent, nous avons pu demander au Seigneur de nous amener à la source du problème lors de la rencontre suivante. Francine n'était plus capable de parler. Elle avait des sensations corporelles et certaines réactions qu'a un tout petit enfant, comme des mouvements de succion de la bouche. Nous avons demandé au Seigneur de venir la guérir dans son souvenir. Nous l'avons ensuite allongée sur la causeuse et enveloppée d'une couverture. Elle est restée là quelque temps, repensant à son adolescence et recevant une puissante guérison du Seigneur. Puis, elle s'est relevée guérie. Encore récemment, elle me disait qu'elle a été transformée en profondeur au cours de cette expérience. Elle relate ce moment en disant : « J'étais tellement bien. On prenait soin de moi comme j'en aurais eu besoin dans le passé dans ces épisodes difficiles de ma vie. »

Il est maintenant rare que nous ayons à offrir à un aidé de s'allonger. Cependant, nous continuons toujours à être témoins de guérisons merveilleuses. Il est évident pour moi aujourd'hui que la prière d'écoute peut révéler sans difficulté des souvenirs liés à l'accouchement (vision de l'accouchement, peur, refus de naître), à l'ambivalence des parents (dispute des parents, sentiment de rejet) ou à des sensations kinesthésiques ressenties pendant la grossesse (mouvements ou pressions sur le corps de la mère et du bébé lors de violence physique ou d'accident, par exemple). Parfois, les détails sur la vie utérine seront plutôt reçus par l'aidé de manière symbolique. Les aidants peuvent aussi recevoir des révélations. Les cas de Ginette et de Madeleine démontrent la combinaison de ces divers modes d'écoute de « la voix » de Dieu.

Le Seigneur rappelle à Ginette que sa mère la tapait plutôt que de la consoler lorsqu'elle était un bébé d'environ douze mois. En réaction, elle se frappait elle-même la tête sur le plancher. Nous écoutons afin de savoir pourquoi : « Parce que tout est de ma faute », dit-elle. « Je ne suis qu'un monstre et un condom percé. » Nous prions pour qu'elle renonce à ces appellations dénigrantes venant de sa mère. Elle dépose la honte de vivre et une culpabilité omniprésente. Nous prions ensuite pour nous mettre à l'écoute à propos de son vécu périnatal. Elle sent encore la peur. Comme aidant, je me place en mode d'écoute et je vois du noir ainsi qu'un trou de lumière duquel on voit un fil barbelé et la tête d'un soldat qui surveille la sortie du camp de concentration. J'ai aussi la notion d'un accouchement par siège. De son côté, sans que nous nous soyons consultés, ma partenaire-aidante voit de la noirceur et sent que bébé Ginette vient à reculons. Cette idée peut symboliser le refus de la vie. Ma partenaire prie donc pour libérer le bébé afin qu'il accepte de venir à la vie et qu'il se sente pleinement accueilli dans les bras du Créateur[45].

Madeleine sent la présence de Jésus et perçoit qu'on doit parler de sa naissance ou de sa vie intra-utérine. À la suite de notre prière, elle se voit dans le ventre de sa mère et perçoit l'environnement. Elle sent la peur. Nous prions de nouveau pour qu'elle puisse voir les choses comme si elle était le bébé et nous demandons à Jésus de nous inspirer les bonnes prières pour guérir l'enfant. Jésus lui donne des cache-oreilles. Pourquoi ? Pour ne pas entendre les mensonges concernant le rejet, car elle a longtemps cru que c'était de sa faute si elle est venue au monde et si elle a été donnée en adoption. Elle dit qu'elle a une bonne relation avec son père biologique, mais elle ajoute qu'elle ne doit plus entendre ce que le bébé a perçu.

Notons que des scientifiques doutent que des souvenirs aussi lointains puissent être fiables, peu importe la méthode par laquelle ils sont recueillis (hypnose, EMDR ou PGI). En réponse à cette critique, le docteur Karl Lehman suggère de ne pas tenter de prouver que ces souvenirs sont intacts à 100 %. Toutefois, il refuse également le discrédit porté sur les thérapies de reconstruction des états de conscience antérieurs, car, dit-il, les souvenirs refoulés et dissociés sont des phénomènes réels contenant une vérité historique. Il faut donc retenir deux points. Premièrement, ces souvenirs ont une valeur thérapeutique, mais ils ne devraient pas être utilisés pour accuser qui que ce soit. En cela, la situation n'est pas bien différente ici de toutes les formes de relation d'aide. La perception de l'aidé n'est qu'un point de vue, pas une justice absolue. Deuxièmement, nous devons être conscients que les aidants peuvent grandement influencer les mémoires de l'aidé. Par conséquent, la phase d'exploration n'a de valeur que s'ils se gardent de suggérer quoi que ce soit à l'aidé. Ceci dit, la PGI produit des guérisons magnifiques lorsque l'écoute de Dieu et les prières pour la guérison sont bien conduites.

L'expérience du dépôt peut être comparée à un deuil. En effet, déposer une souffrance, c'est aussi accepter que l'on ait perdu quelque chose lors du traumatisme. Certains estiment avoir perdu leur jeunesse, leur innocence, leur sécurité, leur réputation. D'autres souffrent parce qu'ils ont perdu un père, une mère, un conjoint, un enfant. Tant que la souffrance liée à ces traumatismes n'est pas déposée, la perte n'est pas consommée. Il y a une période pendant laquelle la personne blessée vit avec l'espoir que cela ne soit jamais arrivé, ou avec le sentiment irréel que cela n'est peut-être pas vraiment arrivé parce que cela n'aurait pas dû arriver. Le dépôt consomme la perte, mais il permet aussi le retour — ou parfois le début — de la vie réelle ; une vie qui sera riche et abondante lorsqu'elle sera vécue dans la présence de Dieu.

Certains deuils sont difficiles à vivre. Par exemple, comment un orphelin peut-il faire le deuil d'un parent qu'il n'a pas connu ? Pour comprendre ce qui nous a manqué, il faut d'abord savoir ce que nous aurions pu avoir. C'est pourquoi, dans ces cas, il nous faut expliquer à l'aidé les fonctions normales d'un père ou d'une mère. Il peut alors mettre des mots sur le vide qu'il ressent et déposer la souffrance liée à ce qu'il n'a jamais reçu d'eux. Nous parlons ici de blessures par carence plutôt que par trauma direct.

Et comment remplir ce vide qui habite une personne carencée ? Plusieurs auteurs expliquent qu'une bonne relation avec Dieu peut combler les lacunes parentales. Nous disons à l'aidé qu'il pourra toujours retourner dans ce lieu où il a rencontré Jésus pendant la PGI pour y être consolé, instruit, construit. Dieu est un Bon Père (Lc 11.13). Il a aussi un cœur de mère pour ses enfants (Ps 131.2 ; És 49.15 ; És 66.12-14 ; Lc 13.34). De plus, Leanne Payne précise que Dieu peut utiliser les aidants pour nourrir le cœur blessé et le faire grandir vers la maturité.

Mais je connais la valeur inestimable de la guérison des souvenirs, lorsqu'on revit, dans la présence d'une personne de confiance, le trauma qu'on a vécu autrefois dans une solitude absolue. En plaçant la personne de confiance dans une position parentale au moment où l'aidé revit un passé douloureux, Dieu fait d'elle un instrument unique de guérison. Et c'est une sorte de « lien affectif », un attachement au niveau humain, qui permet à Dieu de déverser à l'intérieur du cœur et des pensées de l'aidé l'amour *storge* (nourrissant, familial) qui a manqué à ce dernier en tant qu'enfant[46].

Le pardon

Le péché a la puissance de détruire notre vie physique, émotionnelle, relationnelle et spirituelle. Le pardon paralyse son action. Il apporte la guérison et la vie de l'Esprit. Dieu accorde sa grâce aux croyants qui confessent leurs fautes (1 Jn 1.9). Il insiste aussi pour que nous pardonnions à ceux qui nous ont offensés comme il nous pardonne (Mt 6.12), au point de dire qu'il nous faut aimer nos ennemis (Mt 5.44), et qu'il ne nous pardonnera pas si nous ne pardonnons pas (Mt 6.15). Accorder et recevoir le pardon est donc un acte d'obéissance aux commandements du Seigneur.

Pour que le pardon apporte la guérison, il est essentiel que l'aidé comprenne bien ce que sont le pardon et la confession et ce qu'ils ne sont pas. J'explique à l'aidé que le pardon est semblable au dépôt des souffrances, sauf que cette fois, ce sont des personnes que nous remettons au Seigneur. Dans le cas d'une blessure traumatique, pardonner signifie la fin de la rancœur. En remettant le coupable au Juste Juge, l'aidé abandonne son désir de se faire lui-même justice et de se venger, par exemple, par la médisance. Dans le cas d'une blessure par carence, pardonner signifie la fin de l'amertume. En remettant au Seigneur une personne qui n'a jamais été capable de combler ses besoins, l'aidé accepte qu'il a été négligé ou abandonné ; il renonce aux fantasmes qu'il a nourris. Si l'aidé pense que l'offenseur doit être présent, nous lui expliquons que sa prière est dirigée vers Dieu et non vers la personne. C'est pour cela d'ailleurs que nous pouvons même pardonner à une personne décédée.

Les aidants doivent s'assurer que l'aidé n'entretient pas des peurs reliées au pardon. Par exemple, une personne qui a subi une agression sexuelle par un proche pourrait penser que le fait de lui pardonner impliquera de le fréquenter de nouveau. Or, ce n'est pas nécessaire. Nous distinguons le pardon de la réconciliation. Le premier est une transaction qui ne s'effectue qu'entre Dieu et l'aidé. C'est la décision de remettre le dossier à Dieu. La réconciliation, par contre, est une démarche visant à rétablir la relation avec la personne qui a blessé l'aidé. Elle ne peut se produire que s'il y a un changement radical dans le comportement de l'offenseur (repentance). Et même dans ce cas, il faudra du temps à la victime pour rétablir le lien de confiance. L'aidé ne doit pas sentir une pression qui ne vient pas du Seigneur pour se réconcilier trop vite. Il serait bien, toutefois, qu'il reste ouvert à la direction du Saint-Esprit en ce sens, à plus forte raison s'il s'agit d'un autre chrétien ou d'un conjoint.

Il arrive que l'aidé résiste à l'idée de pardonner parce qu'il estime que son offenseur s'en tirera à bon compte. Toutefois, pardonner, ce n'est pas innocenter le coupable devant Dieu ou devant la justice humaine. Pardonner, ce n'est pas déclarer que l'offense n'est pas grave. Les conséquences du péché sont toujours là. D'ailleurs, si une démarche de guérison est nécessaire, c'est précisément parce que la blessure a causé un préjudice. En pardonnant, l'aidé lâche prise et accepte que Dieu puisse décider du sort de l'offenseur.

D'autres fois, l'aidé refuse de pardonner en disant que le temps effacera les choses. En fait, cette attitude est souvent une manière d'éviter la souffrance reliée au processus de guérison. Les aidants devront détruire cet argument en expliquant qu'attendre sans agir n'apportera aucune solution. Les tergiversations vont seulement enterrer les conséquences plus profondément, sans pour autant leur enlever la capacité de ronger la vie de l'aidé.

Nous voyons aussi des gens qui pensent que certains péchés sont impardonnables. Cette idée est reliée à l'intensité des émotions rattachées au trauma ou au refus de cesser de vivre à partir de l'énergie de la haine. Dans ce cas, les aidants devront reconduire l'aidé auprès de Jésus pour qu'il dépose de nouveau ses souffrances et fasse le deuil de toutes ses pertes. Une façon de le faire est de le laisser en présence de Jésus pendant un certain temps pour qu'il reçoive la consolation et des paroles de la part du Seigneur.

La plus grande difficulté que nous rencontrons quant à la nécessité de pardonner est de convaincre un aidé qui adopte une position de victime. En effet, certaines personnes se nourrissent de la consolation que les gens leur apportent plutôt que de prendre leur vie en main. Elles cherchent un appui auprès des autres, non seulement pour se défendre, mais aussi pour accuser leurs offenseurs. Les aidants doivent se garder d'être entraînés sur ce terrain; ils doivent plutôt expliquer à l'aidé les conséquences du non-pardon et le conduire à redéfinir son identité autrement qu'en la construisant sur l'apitoiement.

Monique avait été interpellée par une prédication dans laquelle j'expliquais que certaines personnes n'arrivaient pas à connecter avec Dieu le Père à cause de leur passé. Elle était venue nous voir en disant que lorsqu'elle priait, elle ne voyait que des images d'abus et du monde des ténèbres. Elle avait déjà rencontré plusieurs pasteurs, dont un couple qui l'avait suivi pendant 15 ans. Elle nous rapportait que des centaines de démons avaient été chassés d'elle. Il nous apparut rapidement que Monique, malgré une certaine volonté de s'en sortir, utilisait son histoire pour obtenir l'attention des autres. Nous n'avons pas nié le fait qu'elle avait effectivement été victime d'inceste. Mais nous lui avons expliqué qu'elle devait renoncer à l'identité de victime et aux bénéfices que cela lui rapportait, telle l'attention des gens. Tout allait assez bien jusqu'à ce moment. Elle est alors devenue agressive. Devant son refus de renoncer à sa fausse identité, nous avons dû mettre fin à notre intervention en lui disant de revenir nous voir si elle changeait d'idée.

La victimisation entretient la guerre par le non-pardon. Le pardon peut donc être comparé à un traité de paix. En effet, les aidés qui se sortent de l'apitoiement témoignent souvent du fait qu'ils ne peuvent plus supporter leurs souffrances. Ils comprennent que la seule façon de s'en sortir est de s'abandonner entre les mains du Seigneur. Ils décident alors de ne plus ruminer leur colère et de renoncer à leur désir de vengeance. Ils enterrent la hache de guerre et goûtent enfin la paix de Dieu.

La confession

Une fois les pardons accordés, nous demandons à l'aidé quelles ont été ses réactions aux blessures ou aux carences qu'il a subies. Il lui est alors tout à fait naturel d'enchaîner en confessant ses péchés : rébellion, vengeance, dépendance, etc. Cette action lui permet de purifier sa conscience, de rétablir sa communion avec Dieu et d'éloigner les forces du mal qui se servent de ses péchés pour l'atteindre.

Ici encore, certains aidés ont du mal, par orgueil, à admettre leurs fautes, ou à croire qu'ils puissent être pardonnés de fautes graves. Mais c'est là l'exception plutôt que la règle. En confessant leurs fautes, la plupart des aidés comprennent très bien qu'ils ne sont pas jugés ou rejetés par Dieu ou par les aidants.

Parfois, les aidés se sentent coupables pour des situations qui ne sont pas des fautes morales. Ces fausses culpabilités viennent de diverses situations, comme une éducation répressive souvent accompagnée de paroles dénigrantes. L'enfant qui grandit dans un tel milieu aura une faible estime de lui-même. Il se sentira coupable de tout et de rien, puisque, dans les faits, on l'a traité en bouc émissaire. L'aidé sent alors qu'il a « péché » en n'étant pas à la hauteur dans différents domaines. Il peut même se sentir coupable de vivre. Nous ne devons pas lui faire confesser ces fautes fictives, mais plutôt lui faire comprendre d'où elles viennent. Si ce n'est pas déjà fait, nous entreprendrons ensuite le dépôt des souffrances et le pardon des personnes qui sont à la source de ces fausses culpabilités. Nous demanderons enfin à l'aidé de renoncer aux paroles négatives qui ont défini son identité. Nous lui expliquons aussi qu'il devra peut-être combattre des mensonges pendant un certain temps afin de briser ces moules enracinés dans sa pensée.

Agathe parle d'un songe qu'elle fait souvent. Dans son rêve, elle est dans une bulle de savon et elle tombe sans fin dans le vide, comme dans un trou noir. Nous interprétons cela comme une image symbolisant sa conception. En effet, son père biologique était un homme marié de 30 ans qui a séduit sa mère, une adolescente de 15 ans. Ses parents ont fait l'amour dans un fossé. Le père s'est ensuite suicidé. L'enfant a été placée dans un orphelinat, puis adoptée deux ans plus tard.

Agathe mentionne spontanément qu'elle est coupable de la mort de son père et qu'elle ressent toujours qu'elle dérange les autres. Je lui fais prendre conscience du lien entre ses pensées et son histoire. Elle renonce à ces fausses culpabilités et à la honte. Nous prions alors pour l'acceptation de soi. Je demande ensuite à Dieu de mettre sa main sous la bulle de savon afin que la vie d'Agathe soit entre les mains du Seigneur. Ma partenaire-aidante bénit sa mère pour ne pas s'être fait avorter malgré ces circonstances terribles. Cela conduit Agathe à demander pardon pour un avortement qu'elle-même a subi et pour la conception hors mariage de ses enfants.

À la suite du dépôt des souffrances et des pardons accordés et reçus, les aidants peuvent agir en tant que témoins des prières qui ont été faites et déclarer la guérison au nom du Seigneur. Ils ont, en effet, l'autorité pour représenter la volonté de Dieu sur la terre. Ils peuvent décréter que les pardons sont accordés et que les souffrances disparaissent pour de bon. Il s'agit ici plus que d'un réconfort humain. Ces prières opèrent quelque chose dans le monde spirituel. Elles modifient l'atmosphère terrestre en conformité avec ce qui est déjà déclaré dans les lieux célestes. Les disciples de Jésus ont reçu le mandat légal de proclamer la guérison.

Ceux à qui vous pardonnerez les péchés,
ils leur seront pardonnés ;
et ceux à qui vous les retiendrez,
ils leur seront retenus.

Jean 20.23

Confessez vos péchés les uns aux autres
et priez les uns pour les autres, afin que vous soyez guéris.
Quand un juste prie, sa prière a une grande efficacité.

Jacques 5.16 (*Semeur*)

Les souvenirs traumatiques des aidés qui reçoivent une guérison ne s'effacent pas. Cependant, ils ne sont plus ressentis comme douloureux et ils n'ont plus la capacité de les garder prisonniers. Ces victimes sortiront d'une sorte d'engourdissement et de repli sur soi ; elles seront propulsées dans la vie avec une joie et une énergie renouvelées, comme l'exprime si bien David Seamands, missionnaire et pasteur méthodiste qui pratiquait la prière de guérison intérieure.

La Bible ne nous demande pas d'oublier l'histoire de notre vie. La guérison des souvenirs ouvre les portes des prisons de nos anciennes blessures. Le souvenir reste, mais il est différent. Nous ne pouvons changer les faits de notre histoire, mais il nous est possible de leur donner une signification différente dans notre vie, aujourd'hui. Le travail de suivi nous permettra de retrouver le sens et le but de notre vie. Dieu désire prendre les expériences les plus douloureuses de notre vie et les changer en bien pour nous et pour sa gloire[47].

Enfin, à la suite de nos prières, des aidés voient certains souvenirs positifs refoulés émerger dans leur pensée, car les blessures agissaient comme un filtre qui éliminait les bons souvenirs rattachés à la personne avec qui la relation était mauvaise. Ainsi, dans bien des cas, l'offensé verra maintenant son offenseur de manière plus objective. Il reconnaîtra ses qualités et pas seulement ses défauts.

La restauration de l'identité

Selon Erik H. Erikson, pionnier de la réflexion sur l'identité et père de la psychiatrie de l'adolescence, l'identité est une image consciente de soi-même qui détermine nos traits caractériels, en plus de définir nos rôles sociaux[48]. Pour cet auteur, deux éléments subjectifs définissent l'identité : le sentiment d'unité personnelle (*similarité*) et le sentiment de continuité temporelle (*continuité*)[49]. Erikson parle aussi d'identité positive et d'identité négative. Un délinquant, par exemple, qui croit être mauvais et qui agit en conséquence, a une identité empreinte de similarité et de continuité. Cependant, elle est négative. Il se représente lui-même comme un être antagoniste. Ce n'est donc pas tout d'avoir une identité, encore faut-il que celle-ci soit belle et harmonieuse. Or, le plan de Dieu pour l'être humain est qu'il soit bien dans sa peau et capable de faire le bien.

Plusieurs d'entre nous aspirons à être reconnus dans la société et même à laisser notre trace dans l'histoire. Or, notre identité est ternie en raison du péché originel transmis de génération en génération. L'image que nous avons de nous-même est altérée par les mensonges que les gens disent sur nous. Enfin, notre identité est parfois simplement faible et déficiente en raison du manque d'amour ou d'encouragements.

Une des raisons pour lesquelles les aidés vivent une sorte de renaissance après avoir reçu la guérison intérieure est que nos prières transforment leur identité. Les aidants peuvent intervenir tout au long du cycle afin d'apporter des guérisons identitaires à l'aidé par des prières et par l'affirmation de la vérité à partir de la Parole. Par exemple, en priant pour la fausse culpabilité, comme nous l'avons rapporté dans le cas d'Agathe, nous détruisons de fausses conceptions de soi. J'ai aussi présenté plus tôt l'histoire d'un homme paralysé pour qui un pronostic médical était devenu une identité qui l'empêchait de recevoir la guérison. J'ai également parlé de l'identité de victime. D'autres personnes deviennent narcissiques ou perfectionnistes. Même une identité qui semble positive, comme l'identité de sauveur décrite chez Serge, est en réalité une mascarade qui cherche à surmonter la peur et le sentiment d'échec. Cette identité ne peut pas régler le problème du mal, car aucun humain ne peut porter le fardeau de sauver le monde ! Seul Dieu le peut.

Par-dessus tout, nous pouvons nous demander si une personne apparemment bien dans sa peau et qui a du succès ne serait pas en train de passer à côté du but de la vie. Être reconnu et accumuler une grande fortune, est-ce bien là le meilleur accomplissement possible pour une vie humaine ? La Bible affirme que l'accès à la vie éternelle et à une relation personnelle avec Dieu ont une bien plus grande valeur. Pour y parvenir, il faut reconnaître notre identité imparfaite de pécheur éloigné de Dieu, puis celle d'enfant adopté par le Père (Ép 1.4-6). Tout compte fait, c'est cette identité selon Dieu qui importe vraiment.

En PGI, nous devons tenir compte de l'identité qui prévalait avant le dysfonctionnement causé par les diverses blessures. Ces traits de caractère originaux constituent notre personnalité naturelle. En apportant la guérison, nous faisons disparaître les mécanismes de défense, ce qui a pour effet de libérer l'identité naturelle. Cependant, nous ne voulons pas seulement restaurer l'identité selon les critères du vieil homme, puisqu'il est pécheur dès sa naissance. C'est l'émergence de la nouvelle identité en Christ qui est le véritable but de notre intervention chez une personne née de nouveau. En fait, l'idée de rénover l'ancienne nature à l'aide de conseils moraux ou psychologiques est à l'antipode du christianisme. Ce n'est pas le retour à l'ancienne nature qui doit s'opérer, mais son abandon radical afin de vivre à partir d'un nouveau centre.

Les Écritures nous exhortent à ensevelir le vieux « moi » — vieil homme ou vieille nature — dans la mort du Seigneur. Nous devons chercher à vivre, jour après jour, unis au Christ par la puissance de l'Esprit (Ép 4.22-24), car il est en nous dès notre conversion. Il est le centre du nouvel homme qui se crée lorsque notre personnalité est remodelée selon la pensée du Christ (Rm 8.29 ; 1 Co 2.16 ; Ga 2.20 ; Col 1.27).

Pour revêtir sa nouvelle identité, l'aidé doit d'abord accepter la faiblesse de sa nature pécheresse et reconnaître ses limites. Les aidants doivent, quant à eux, éviter de renforcer les mécanismes habituels de défense du vieux « moi » de l'aidé. En effet, son estime de lui ne doit pas reposer sur des prétentions orgueilleuses, mais sur la conviction qu'il est aimé de Dieu au point que le Christ est mort pour lui. L'accueil de l'amour inconditionnel de Dieu lui permet de se rendre vulnérable tout en se sentant protégé dans son identité. Il n'est plus seulement la progéniture d'humains qui l'ont parfois reçu avec ambivalence. Il repousse le sentiment de rejet et cesse de vivre en victime. Le besoin de défenses psychologiques se fait moins sentir, car il peut toujours remettre ses souffrances à Dieu et être de plus en plus sincère, intègre, transparent, sans craindre de perdre son amour.

Leanne Payne invite la personne à redéfinir son centre identitaire en portant les regards sur Dieu.

> Le pouvoir d'exister est lié à la capacité d'être à l'aise dans le moment présent, d'être « Centré », de vivre d'une manière sereine et authentiquement contemplative à partir de son vrai centre[50].

> Nous ne nous définissons plus par nos péchés [...]
> Après nous être courbés vers la créature — la position
> horizontale inhérente à l'homme déchu — nous nous
> redressons pour nous unir à notre Créateur, adoptant la
> position d'écoute verticale de la créature libre[51].

Les prières des aidants interviennent sur l'identité tout
au long des rencontres, mais surtout à la dernière séance
lors de la bénédiction finale. Nous demandons parfois à
l'aidé de s'asseoir au centre de la pièce et nous nous
plaçons autour de lui pour ce moment solennel. Nous
déclarons alors une dernière fois les choses positives que
Dieu nous a montrées pendant les rencontres. Puis, nous
prions pour l'avenir de l'aidé et pour qu'il puisse nous
quitter rempli de la puissance de l'Esprit. Je me souviens
de la joie que j'ai eue le jour où j'ai écrit le commentaire
suivant dans le dossier d'une aidée :

> Nous entourons Édith au centre de la pièce, mais elle
> est toute courbée et regarde vers le bas. Je pense alors
> aux enseignements de Leanne Payne sur l'importance
> de marcher le visage tourné vers le ciel. Je demande
> donc à Édith d'élever ses mains et de relever son
> menton. Puis, je prie à partir de Psaume 4.6 : *Fais lever
> sur nous la lumière de ta face, ô Éternel !* Plus je prie,
> plus le visage d'Édith s'illumine. Ses épaules prennent
> de l'assurance dans la position droite. Son corps
> manifeste le déploiement de toute sa personnalité,
> comme une fleur qui s'ouvre au soleil. C'est beau. J'en
> ai les larmes aux yeux.

6
Des prières pour l'esprit

Lors d'un de mes stages à l'hôpital Sainte-Justine, un chercheur clinicien en hémato-oncologie nous a pris à part dans une petite salle. Il s'est assis près de son microscope et nous a fixés dans les yeux. Puis, il s'est mis à nous décrire les cellules leucémiques vivantes telles qu'il les voyait au microscope. Ces cellules se déformaient au point de piquer les autres cellules pour les pénétrer et les détruire. Elles s'immisçaient au travers des canaux sanguins, qu'elles ne quittaient habituellement pas pour envahir les autres tissus. À l'écouter, nous avions tous les quatre la chair de poule. Toutefois, sa conclusion allait être encore plus terrible : « J'ai l'impression, dit-il, que ces cellules sont intelligentes et que je suis en train d'observer le mal en personne. »

Des années plus tard, je suis allé à Granby, une petite ville située à 80 kilomètres au sud de Montréal. Jean-Marc Bigler, originaire de Suisse, y donnait une conférence sur la délivrance. Le sujet m'intriguait. Bigler était un homme simple, qui a commencé son ministère en priant pour chasser des démons qui agitaient des troupeaux de vaches. Il avait maintenant un ministère auprès des êtres humains. Il priait pour de grandes foules, et les démons quittaient les personnes. Je l'ai d'ailleurs vu de mes propres yeux : lorsqu'il a prié dans la salle où nous étions, une dame a réagi vivement. Cependant, ce qui m'a touché le plus lors de cette conférence, c'est l'histoire d'une femme qui souffrait de leucémie et qui a été complètement guérie par la prière de délivrance. Cela m'a étonné, puisque je ne savais pas, à cette époque, que les démons pouvaient attaquer la santé physique. De plus, cela me rappelait les propos du médecin chercheur de Sainte-Justine.

J'indique en parlant de « prières pour l'esprit » que la délivrance vise des entités spirituelles. Toutefois, la démonisation peut atteindre le corps, l'âme ou l'esprit. Je désire aussi souligner ce que la Bible affirme : l'humain a une dimension spirituelle distincte de sa sphère psychologique[52]. La vie humaine recèle bien des secrets encore inconnus. Entre autres, l'esprit humain est capable d'être en relation avec le monde spirituel invisible qui l'entoure. La guérison de l'esprit comporte donc plusieurs aspects, depuis la régénération par laquelle nous naissons de nouveau jusqu'à la délivrance de l'oppression démoniaque.

L'âme et l'esprit ne sont toutefois pas deux mondes parallèles. Notre pensée et nos émotions, notre spiritualité et notre raison, collaborent pour former notre être intérieur. Aussi, y a-t-il une grande complémentarité entre les prières pour l'âme et celles pour l'esprit. Les personnes qui ont des ministères de délivrance savent que les démons peuvent facilement revenir si nous les chassons sans apporter la guérison à l'âme. À l'inverse, ceux dont les ministères sont axés sur la guérison du cœur reconnaissent que leur intervention est incomplète si les démons ne sont pas expulsés après leurs prières.

L'incorporation de la délivrance à notre approche de la guérison intérieure s'est faite de façon progressive. Nous avions plusieurs membres d'origine africaine à notre Église. Nous avons vite pris conscience de la réalité de la sorcellerie. Dans certains cas, les personnes n'étaient que superstitieuses, mais dans d'autres, il y avait réellement des liens qui influençaient la vie et la santé des gens.

À la même époque, le pasteur principal de l'Église a décidé d'implanter un programme qui combinait la formation de disciples avec la libération. *Torrent qui purifie* (*Cleansing Stream Ministries*) nous a permis d'acquérir les notions de base sur les esprits méchants les plus communs et d'intervenir de façon efficace auprès de plusieurs personnes. Toutefois, cet outil ne suffisait pas pour délivrer tous les aidés. Nous avons donc fait appel à une spécialiste de la délivrance. Nous avons beaucoup appris grâce à elle. Enfin, nous avons parfait nos connaissances en lisant des auteurs tels Peter Horrobin et Francis MacNutt. Nous sommes donc plus outillés aujourd'hui.

Avant d'aller plus loin, disons quelques mots sur le vocabulaire utilisé. J'emploie les termes « libération » et « délivrance » comme synonymes pour désigner le ministère de prière visant à chasser les oppressions spirituelles. Je réserve le mot « exorcisme » et ses dérivés pour les situations de démonisation majeure ou pour parler de l'histoire de l'Église, car ce mot était jadis souvent utilisé. J'évite le mot « possession » et ses dérivés, car je ne crois pas que la volonté d'un individu puisse être totalement contrôlée par un démon. En fait, je crois que même les non-croyants gardent, en partie du moins, l'exercice de leur volonté. Les sorciers, par exemple, obéissent à la voix du diable parce qu'ils savent qu'il y aura de graves conséquences s'ils désobéissent. Cependant, ils ne sont pas des automates. De même, nous voyons dans la Bible un homme infesté par une légion de démons. Il était agité et il avait une force surhumaine. Pourtant, il a eu la capacité de venir à Jésus pour être délivré (Mc 5.6). Il est logique de penser que les démons qui l'habitaient auraient plutôt choisi d'éviter le Seigneur ! D'ailleurs, ils ont protesté en suppliant Jésus de ne pas les tourmenter et de ne pas les chasser hors du pays. Ils ont négocié pour être plutôt envoyés dans un troupeau de pourceaux.

Les esprits méchants et les démons sont des agents du mal. Certains utilisent le mot « démon » pour désigner un esprit plus puissant ou un groupe d'esprits méchants. Toutefois, ces termes sont souvent interchangeables dans les textes bibliques. Je les utilise donc comme synonymes. La Bible emploie aussi le terme esprit pour décrire des mentalités humaines ou des démons chargés d'entretenir de telles mentalités liées à des péchés ou à des blessures[53]. Ces esprits méchants ou impurs ont encore diverses fonctions de nos jours. Par exemple, un esprit de rejet accentuera et entretiendra un sentiment de rejet qui s'est installé sur la base d'expériences traumatiques de rejet. Il empêchera la personne de guérir de son sentiment de rejet. Plus encore, il aura le pouvoir d'influencer le comportement de l'entourage envers la personne infestée pour qu'elle soit davantage rejetée. Comment être certain que de tels phénomènes ne sont pas simplement psychiques ou sociaux ? Parce que la situation change lorsque nous chassons l'esprit mauvais !

Les blessures (traumas, offenses), les péchés et les pratiques occultes peuvent être des portes d'entrée pour certains esprits/démons. Elles peuvent aussi avoir été ouvertes dans la vie de nos ancêtres. Les démons sont un peu comme des oiseaux charognards ou comme des mouches. Ils sont attirés par la pourriture. Si nous voulons que la délivrance soit efficace, il est essentiel de nettoyer l'âme de tout point d'ancrage. Nous pratiquons donc en général la guérison intérieure en deux temps : nous prions d'abord pour toutes les guérisons que le Seigneur désire apporter à l'âme ; puis, nous nous concentrons sur la délivrance de l'esprit. Nous pouvons aussi fonctionner par thème : nous prions pour la guérison d'une blessure spécifique, puis, nous chassons les esprits méchants qui y sont directement reliés. Si nous optons pour la première approche, nous lions les démons lorsque nous les rencontrons et nous les chassons seulement lors d'une des dernières rencontres avec l'aidé. Par contre, chasser les démons au fur et à mesure que nous prions pour les guérisons de l'âme est une approche d'autant plus intéressante que le fait d'éliminer quelques démons facilite souvent le reste du travail. Ainsi, nous pourrions chasser un esprit de rejet après avoir apporté la guérison à l'âme d'une personne qui s'est sentie rejetée. Cette guérison et cette délivrance faciliteraient la poursuite du processus pour éliminer, par exemple, l'enfermement sur soi et un esprit de mort.

Le discernement des esprits

Il est important de savoir si nous avons affaire ou non à ces anges déchus que l'on nomme démons ou esprits méchants. Nous ne voulons pas supposer leur présence si les phénomènes observés sont dus à des causes naturelles (physiques ou psychiques). Par contre, nous ne voulons pas attribuer les manifestations observées à des causes naturelles si elles sont d'origine spirituelle.

Comment parviendrons-nous à éviter ces faux positifs et faux négatifs ? Certains signes et certains symptômes sont spécifiques de la démonisation. Si une personne commence à se rouler par terre, à vomir ou que ses yeux roulent vers l'arrière quand on prie pour elle, il est fort probable qu'elle soit démonisée. D'autant plus si son corps se soulève dans les airs ou si elle parle avec une voix qui n'est pas la sienne. Toutefois, ces manifestations sont rares et elles résultent le plus souvent de la présence de plusieurs démons acquis par des pactes avec le diable. Les esprits communs liés à des péchés ou à des traumas ne donnent d'habitude aucun signe de leur présence[54], sinon qu'ils entretiennent des problèmes difficiles à surmonter, telles des mentalités ou des dépendances à un péché. Ceux-ci n'ont d'ailleurs aucun intérêt à se dévoiler s'ils veulent continuer à parasiter la vie des gens sans être incommodés. Enfin, pour compliquer le tableau, certains démons se manifestent par des signes et des symptômes qui peuvent aussi être causés par des maladies comme l'épilepsie (Mc 9.18,26), la dissociation, des crises hystériques, des obsessions (pensées récidivantes non contrôlables), des compulsions (tendances à répéter un geste), des cauchemars, des hallucinations auditives (par exemple, une voix qui pousse au meurtre ou au viol) ou tactiles (sensations d'une présence). Il n'est donc pas facile de reconnaître la présence des esprits dans la plupart des cas de démonisation. Nous devons demander l'aide du Saint-Esprit pour cela.

Notons que les démons ont tendance à se manifester dans les endroits où l'action du Saint-Esprit est marquée. Cependant, il ne faut pas confondre les manifestations physiques démoniaques avec celles qu'occasionne le Saint-Esprit lui-même lorsqu'il touche des personnes : tremblements, pleurs, rires, chutes. Nous pouvons avoir une bonne idée de ce qui se passe en demandant aux personnes comment elles se sentent. La présence de Dieu sera considérée comme positive, tandis que celle d'un démon sera perçue comme négative ou engendrera de la confusion.

J'assistais à une conférence donnée par le leader chrétien évangélique américain Lou Engle. Il avait été invité dans une église de la ville de Québec. Il prêchait sur Jean-Baptiste. Il soulignait que les Québécois sont associés de par leur histoire à l'onction du prophète-évangéliste. Quelques minutes à peine après qu'il eût abordé ce sujet, j'ai entendu un bruit de chaises qui se déplaçaient derrière moi. Je me suis retourné. Une jeune femme venait d'être soulevée de sa chaise dans les airs et projetée trois rangées plus loin. Elle gisait maintenant par terre et s'agitait dans tous les sens. Dans ce cas, il était assez évident que ce n'était pas une manifestation divine ! Il semble que les démons n'aient pu supporter le message de Lou Engle. Les pasteurs responsables ont ordonné au démon de se calmer. Ils ont amené la personne dans une autre pièce et ont prié pour sa délivrance.

Il y a un autre moyen efficace pour discerner la présence des démons : le don de discernement des esprits. Il s'agit d'un des dons surnaturels accordés par le Saint-Esprit aux chrétiens (1 Co 12.10). Il permet de distinguer l'origine divine, diabolique ou humaine des pensées ou des comportements d'une personne. Il opère de façon différente d'une personne à l'autre. Certains voient les esprits, d'autres savent par intuition qu'ils sont là et d'autres les ressentent dans leur corps. Ces personnes peuvent d'habitude dire le nom du mauvais esprit en cause (qui décrit en général sa fonction : esprit d'adultère, de rejet, de sorcellerie); ils peuvent parfois dire pourquoi il est entré (péché, trauma, occultisme). Ce don est vraiment précieux pour ceux qui exercent le ministère de délivrance.

Comme médecin, il m'arrivait de suspecter la présence de démons lorsque des personnes diagnostiquées pour psychose ne répondaient pas à des doses de psychotropes nettement supérieures à la normale. Une psychiatre m'avait raconté qu'un de ces patients avait des dons surnaturels : il lui avait raconté des détails de sa vie que personne ne connaissait. Il se disait possédé par une centaine de démons. J'ai moi-même rencontré ce type de patient.

Une dame est venue me consulter au sans rendez-vous. J'étais frappé par son regard. Elle regardait à travers moi. Son visage était verdâtre et elle parlait très lentement. Elle me demanda de l'aide pour son problème psychologique. Elle était suivie par une psychiatre qui lui donnait des doses d'une médication antipsychotique cinq fois supérieures à celles que je vois d'habitude. Elle racontait que sa psychose avait commencé quand des personnes d'une secte dangereuse[55] lui avaient imposé les mains pour ouvrir son esprit. Je lui ai offert quelques séances de relation d'aide. Son cerveau était si lent qu'il était difficile d'entretenir une conversation avec elle. Je lui ai présenté l'Évangile, et elle a accepté de prier pour recevoir Jésus. J'ai prié ensuite pour chasser des esprits. Elle n'a eu aucune réaction. Lors de la rencontre suivante, je l'ai encouragé à jeter le matériel occulte qu'elle possédait. Puis, je l'ai retournée à sa psychiatre en lui disant de lui demander de réduire sa médication de façon progressive. Trois années plus tard, elle se présenta de nouveau au sans rendez-vous. Je ne la reconnaissais pas tant elle avait changé. Elle souriait, elle bougeait et parlait de façon normale. Elle me raconta que sa psychiatre avait été très surprise d'avoir pu diminuer ses médicaments au point de les cesser complètement. Elle ajouta que son suivi en psychiatrie était maintenant terminé.

Les liens et les alliances

Les prières pour l'esprit humain ne consistent pas seulement à chasser les mauvais esprits. Nous prions aussi pour couper de mauvais liens spirituels et pour briser des alliances néfastes. Un lien est acquis passivement, tandis qu'une alliance est contractée volontairement. Par conséquent, nous coupons un lien simplement en déclarant qu'il est brisé, tandis que nous demandons à l'aidé de rompre une alliance en y renonçant.

Lorsqu'il y a un lien ou une alliance entre deux personnes, il peut y avoir un transfert de divers contenus de l'âme et de l'esprit d'un partenaire à l'autre. Par exemple, une personne qui a eu des relations sexuelles avec un conjoint qui trempait dans la sorcellerie peut hériter d'un mauvais esprit.

Une alliance peut avoir une emprise sur le plan émotif ou spirituel même lorsque la relation est terminée. Il est donc important de prier pour briser cette alliance, couper les attaches et demander à Dieu qu'il nous redonne ce qui est à nous et qu'il redonne à l'autre ce qui ne nous appartient pas.

> Corinne était follement amoureuse de Patrick. Puis, il l'a laissée pour une autre femme. Trois ans plus tard, elle a rencontré Alain, et ils se sont mariés après deux ans de fréquentation. Cinq ans passent et le couple se met à battre de l'aile. Ils ont, entre autres, beaucoup de difficultés sexuelles. Quelques minutes d'entretien avec Corinne suffisent pour nous convaincre qu'elle n'a jamais oublié Patrick. Sans cesse, elle parle de lui et le compare à son mari. Nous lui expliquons la notion de lien d'âmes, dont elle n'a jamais entendu parler, et nous prions pour qu'elle renonce à son attachement à Patrick, car il nuit à son mariage. Toutefois, nos prières arrivent un peu tard. Le couple est déjà en voie de séparation lorsqu'il nous consulte.

Le choix volontaire de consommer une substance peut aussi causer un lien de dépendance psychique et même physique. De même, un individu peut être enchaîné par des vœux qu'il a prononcés. Le vœu, assez fréquent, de ne pas être comme son père ou sa mère prive le fils ou la fille de tout héritage, positif comme négatif, venant du parent. Cette alliance faite avec soi-même oblige, en effet, une personne à rejeter tout ce qui ressemble au parent biologique et à aller contre l'expression de son propre bagage génétique.

Les pratiques occultes et les pactes avec le diable créent de fortes alliances. Elles requièrent en général des prières de délivrance puissantes. Il y a une hiérarchie parmi les démons. Ainsi, ceux liés à l'occultisme sont souvent plus difficiles à chasser que les esprits acquis à cause d'un péché ou d'un

104

traumatisme. Nous avons vu que l'Église primitive priait pour exorciser les nouveaux croyants au moment du baptême et au début de leur vie chrétienne, surtout ceux qui avaient pratiqué les sciences occultes. Avec la montée grandissante du nouvel âge, de l'occultisme et des cultes païens, l'Occident est maintenant dans une position similaire à celle des premiers disciples de Christ. Je pense donc que tous les chrétiens qui ont touché à l'occultisme devraient avoir un bon bain de régénération par la prière de guérison et la délivrance. Cela s'applique aussi à ceux qui ont été liés à des proches impliqués dans l'idolâtrie, le nouvel âge ou l'occultisme. Ces pratiques déplaisent à Dieu[56] et elles ouvrent la porte à la démonisation. En consultant le monde des ténèbres, les adeptes demandent aux démons de leur fournir des informations secrètes et des pouvoirs spéciaux. C'est pourquoi des esprits peuvent envahir ces initiés et les rendre capables d'opérer des miracles comme la divination et la guérison surnaturelle d'origine démoniaque. Ces démons ne quitteront la personne infestée que si le péché découlant de ces pratiques est confessé et que l'alliance avec le mal est rompue avec minutie.

Des liens générationnels sont à suspecter lorsque l'exploration de la vie de l'aidé ne révèle rien qui puisse expliquer ses problèmes. Ils peuvent aussi être dépistés à l'aide du don de discernement des esprits. Il s'agit ici d'un sujet qui dépasse l'objet de ce livre. C'est pourquoi j'y ai consacré un autre ouvrage intitulé *Les liens générationnels*. Disons brièvement que nos péchés ont des conséquences qui peuvent s'étendre sur plusieurs générations (Ex 20.5). Il y a des effets physiques qui peuvent affecter les descendants à cause de mauvaises décisions de leurs ancêtres (infirmités, accidents, pertes financières, etc.) ; des séquelles psychologiques dues à la dépression, au divorce ou aux mauvaises actions des parents; des conséquences spirituelles découlant des pratiques occultes des parents ou des grands-parents (transmission de don surnaturel démoniaque, tendance à l'idolâtrie, etc.)

Le combat spirituel

Les divers auteurs qui écrivent sur le combat spirituel du chrétien ne le présentent pas tous de la même manière. Certains insistent sur le conflit engagé avec des anges territoriaux qui contrôlent l'atmosphère régionale. D'autres combattent divers mauvais esprits affectant nos mentalités. D'autres, enfin, ne parlent pas d'esprits méchants, mais d'un combat moral visant à appeler le meilleur de nous-mêmes.

Une chose est certaine, c'est que le combat spirituel est une réalité pour les chrétiens, quel que soit l'aspect sur lequel nous insistons. Notre adversaire rôde (1 P 5.8). Nous devons nous armer pour le combattre (Ép 6.11-17). Nous devons lui résister (Jc 4.7). Voilà pourquoi les personnes qui reçoivent des prières pour leur âme et leur esprit devront poursuivre le combat par elle-même afin de garder le territoire conquis. Il n'est pas nécessaire pour cela de craindre sans cesse la présence et l'activité des démons. Dieu est plus grand et plus important qu'eux. Nos yeux doivent être fixés sur le Libérateur, pour l'adorer et se réjouir de notre salut. Nous devons, cependant, être vigilants face à la réalité démoniaque. La meilleure manière de faire le combat spirituel est de chercher la présence de Dieu pour faire fuir Satan (Jc 4.7-10). De plus, nous devons avoir de saines habitudes de vie et fréquenter des personnes droites qui partagent nos convictions.

Le combat peut être plus féroce au début de la vie chrétienne. En effet, lorsque nous devenons chrétiens, nous sommes séparés des ténèbres pour devenir des enfants de la lumière (1 Th 5.5). Ce changement d'allégeance implique que des transformations profondes se produisent en peu de temps. De même, les semaines qui suivent une intervention en prière de guérison intérieure peuvent être des périodes intenses de turbulence. Des doutes peuvent surgir. Les vieilles habitudes ou les anciens moules de pensée peuvent vouloir revenir. L'aidé devra donc se tenir près de Dieu, réaffirmer sa foi dans les Écritures et proclamer les vérités qu'il connaissait et celles qu'il vient d'apprendre sur Dieu et sur lui-même. Dans certains cas, le combat peut être rude. Parfois même, l'aidé devra prendre autorité au nom de Jésus et ordonner à un esprit qui le harcèle de le quitter pour toujours. En général, cela ne se reproduit pas plus de deux ou trois fois, après quoi tout se calme. Rarement, une personne peut avoir à combattre pendant plusieurs mois ou plusieurs années avant de jouir d'une liberté complète.

Plus un aidé est un disciple affermi, plus il sera outillé pour fermer les portes à l'ennemi et pour le repousser. C'est pourquoi, d'ailleurs, nous ne faisons pas de délivrance avec les non-chrétiens. Même s'ils étaient chassés – ce qui est d'ailleurs plus difficile chez le non-croyant – les démons n'auraient aucune difficulté à revenir. Il est donc impérieux qu'un non-croyant venant en prière de guérison soit averti que ce type de prières ne sera pas accessible pour lui. L'intervention sera donc partielle, limitée à l'âme et au corps.

Heureusement, certains non-croyants venant en PGI y découvrent l'amour et la grandeur de Dieu, puis décident de recevoir Jésus dans leur cœur. La conversion d'un aidé est encourageante, puisqu'elle lui offre de nouvelles avenues. Elle lui permet de conserver et d'affermir les guérisons qu'il a reçues dans son âme et dans son corps, de consolider sa nouvelle identité et de recevoir la délivrance des mauvais esprits. Elle lui donne aussi la possibilité de grandir comme disciple et de se joindre à une communauté spirituelle aimante, active et passionnée pour le Christ. La possibilité qu'un non-croyant se convertisse nous motive donc à offrir de l'aide à ceux et à celles qui ont des notions religieuses, mais qui n'ont pas vécu l'expérience de la nouvelle naissance.

7
Un espoir pour l'avenir

Le but de cet ouvrage est de vous présenter succinctement la prière de guérison intérieure (PGI). Je l'ai décrite telle que nous la pratiquons dans le cadre d'une entrevue formelle de deux heures. Cependant, la PGI peut être expérimentée de nombreuses façons. Ainsi, en 2017, j'ai perçu le potentiel de la PGI pour de grands groupes. J'ai alors organisé une conférence intitulée *Terre sacrée*. Je donnais les consignes au groupe, tandis que des aidants intervenaient auprès des participants qui le désiraient. Nous avons constaté lors de cette première expérience que, dans l'ensemble, l'interaction avec les aidés était moindre et que les résultats étaient moins tangibles que ceux que nous avons en bureau avec un seul individu. Je crois, toutefois, qu'une onction accrue permettrait de remédier à cela. C'est pourquoi je garde espoir pour l'avenir, car Dieu a déjà accordé dans le passé à des hommes et à des femmes missionnaires et évangélistes de prier devant des foules pour les maladies physiques et mentales avec des résultats glorieux.

De plus, la PGI peut être pratiquée avec nos amis, nos collègues ou des membres de notre famille. Par exemple, le docteur Lehman raconte que des personnes qui avaient assisté à un de ses séminaires ont entamé une conversation autour d'une table, lors d'un mariage, en attendant que le repas soit servi.

Le contenu du séminaire intéressa les convives au point qu'ils décidèrent de faire un exercice d'écoute, qui conduisit à la guérison de l'un des invités.

Une brève approche de la PGI peut également être pratiquée au sein de petits groupes de croyants qui se réunissent en semaine. Ainsi, lorsqu'un membre de la cellule partage une épreuve, le fait de l'écouter est déjà une marque d'amour. Toutefois, des guérisons peuvent aussi se produire si les gens se mettent à l'écoute de Dieu afin de recevoir ses instructions pour la personne en besoin.

Ma femme et moi avons aussi expérimenté l'approche rapide de la PGI dans un contexte d'évangélisation. À Baltimore, une dame marchait sur le trottoir avec une cage contenant des animaux. Nous nous sommes approchés d'elle pour lui parler. Elle était très heureuse que nous lui parlions, car elle se sentait extrêmement seule. Elle nous a dit que ses enfants l'avaient abandonnée. Nous lui avons suggéré de déposer cette souffrance au Seigneur et nous avons prié pour elle. Elle a été très touchée. Quand nous lui avons dit au revoir, un jeune homme qui observait la scène de loin a couru vers nous et a demandé la prière. Ce jeune homme avait peur d'avoir perdu son salut, car un de ses amis lui avait dit qu'il avait commis le péché impardonnable dont la Bible parle. Il avait grandi dans une famille protestante, mais il ne semblait pas très bien connaître les Écritures. Nous lui avons dit que ce péché impardonnable qui mène à la mort (1 Jn 5.16) est, selon nous, le fait de ne pas croire en Jésus-Christ et de résister ainsi à la conviction du Saint-Esprit (Jn 8.24 ; Mt 12.31). Ce n'était pas du tout son cas. Nous l'avons donc amené à renoncer à la peur et nous avons même chassé un esprit de peur. Un changement immédiat s'est produit dans ses yeux et sa posture. Il s'est redressé, a souri et a déclaré que la peur l'avait quitté. Il n'en revenait pas. Il nous a remerciés plusieurs fois avant de s'éloigner de nous.

Il est également possible d'utiliser la version courte de la PGI lors des appels qui suivent fréquemment les prédications. Les équipes de prière qui interviennent dans les rassemblements religieux peuvent être formées pour cela. Le pasteur John Wimber suggère une approche en cinq points[57].

1. <u>La demande</u>

   L'aidé formule son besoin. S'il ne dit rien en s'approchant, un bonjour suivi d'une simple question entraînera en général la description d'un problème.

2. <u>La porte d'entrée</u>

   Dès que la personne s'approche, l'intercesseur demande au Seigneur, en son for intérieur, de l'aider à discerner la racine du problème dans le naturel et le surnaturel. Par exemple, l'Esprit peut révéler qu'un problème physique est, en fait, lié à un conflit relationnel ou qu'un démon est la source d'un comportement.

3. <u>La prière</u>

   Wimber distingue deux types de prière. Premièrement, l'intercession par laquelle l'aidant, en étant à l'écoute de l'Esprit, demande la guérison à Dieu. Deuxièmement, les paroles d'autorité qui viennent d'un jaillissement de foi. Par exemple, l'intercesseur peut déclarer : « Je brise la puissance de… [symptôme, maladie ou fausse identité] au nom de Jésus ! » Cette approche autoritaire est des plus appropriées lorsque Dieu révèle l'origine du problème par une parole de connaissance.

4. <u>L'imposition des mains</u>

   Jésus a dit : *[...] ils imposeront les mains aux malades, et les malades, seront guéris* (Mc 16.18). Wimber plaçait ses mains sur la partie malade du corps, mais il n'en faisait pas une règle absolue. Si l'endroit était intime, il demandait à la personne de le faire elle-même et il posait ses mains sur celles du malade. Randy Clark touche délicatement le front, la paume de la main ou le poignet. Il touche parfois plusieurs personnes à la fois. Curry Blake, responsable de *John G. Lake Ministries*, enseigne que l'intercesseur ne doit pas laisser ses mains longtemps sur le malade pendant la prière. C'est pourquoi il touche simplement la partie antérieure du corps dans la dernière phase de sa prière. En touchant, il dit « relâche[58] » pour que la puissance de l'Esprit soit relâchée, puis, il enlève ses mains[59]. Leanne Payne, qui avait un ministère de guérison intérieure, déposait, quant à elle, ses mains en avant et en arrière de la poitrine ou de la tête de l'aidé[60].

5. <u>Les conseils de départ</u>

Des conseils peuvent suivre la discussion tenue avec l'aidé. Par exemple, nous recommandons souvent de prier pour maintenir une guérison. Nous suggérons aussi parfois à une personne de prendre rendez-vous en PGI suite à ces brèves prières effectuées dans le contexte des appels. En effet, le fait qu'un aidé reçoive une guérison ne veut pas dire que le travail est terminé. Toutefois, l'expérimentation de la PGI lors d'une courte prière lui en démontre la puissance et l'encourage à poursuivre sa démarche de guérison.

Enfin, la prière de guérison peut devenir un style de vie pour ceux et celles qui sont passés par là. Le but, ici, n'est pas de faire constamment de l'introspection, mais de garder notre cœur intact et pur devant Dieu. Ainsi, un aidé qui a connu le processus pourrait, lorsque le besoin s'en fait sentir, déposer lui-même ses souffrances à Dieu, puis pardonner et recevoir le pardon. En réalité, ce sont là des disciplines que tout chrétien devrait pratiquer. De plus, aller dans la présence de Dieu pour l'écouter permet au disciple du Christ de développer une relation avec lui d'une autre façon qu'avec son intellect. En PGI, il utilise toutes ses facultés pour écouter l'Esprit saint et dialoguer avec Dieu. Il peut ainsi se sentir aimé de Dieu. Cela contribue aussi à la croissance de son identité. Nous conseillons donc aux aidés de continuer la pratique de l'écoute de Dieu lorsqu'ils terminent les séances de PGI.

Karl Lehman va jusqu'à dire que le but de la PGI est d'apprendre aux gens un style de vie où ils peuvent dialoguer avec Jésus et que la guérison est seulement un avantage collatéral. De même, Leanne Payne insiste sur l'importance de pratiquer la présence de Dieu.

> Le christianisme n'est pas une alliance ou une loi, mais c'est une vie – c'est la vie d'un autre vécue en moi et à travers moi. Notre esprit humain, lorsqu'il est en union avec ce saint Tout-Autre, est ce que nous appelons le « moi noble ». La pratique de la présence de Dieu conduit à la connaissance de ce moi véritable, et nous détourne ou bien d'un amour de soi narcissique ou bien de la haine de soi. C'est dans cette vie nouvelle que notre âme ainsi que notre esprit – en fait, la totalité de notre nature – sont élevés. [...] Par le principe de l'incarnation, le Très-haut est transposé dans le très-bas et l'homme se trouve ressuscité dans chaque faculté de son être. Il découvre ainsi son moi vrai et entier[61].

> Savoir que Jésus est vraiment Emmanuel, Dieu avec nous, et apprendre à entendre sa voix est vital pour notre croissance et notre maturité. Écouter Dieu – partie importante de la pratique de sa présence – n'est pas une méthode, mais une marche avec une personne. Il y a toujours un dialogue permanent dans cette marche, comme les Écritures et notre expérience le prouvent clairement[62].

Puisque les bénéfices de la PGI découlent avant tout de l'intervention de Dieu – et non d'un effort humain – nous pouvons nous attendre, dans l'avenir, à des miracles toujours plus grands. Ainsi, je demande que Dieu nous accorde l'onction pour guérir les composantes physiques de maladies neuropsychiatriques comme le TDAH, l'autisme ou la schizophrénie, simplement par la prière et l'imposition des mains.

J'ai aussi espoir que la PGI permettra à de nombreux chrétiens de sortir de leur léthargie et à d'autres de découvrir qu'ils ne sont pas vraiment chrétiens, d'où leur stagnation. Comme je l'ai dit, la conversion et les guérisons apportées aux aidés que nous avons suivis en PGI ont permis à plusieurs de redevenir actifs dans l'Église et dans la société alors qu'ils vivaient auparavant en retrait de la communauté. Et tout cela, parce qu'ils ont été délivrés de la dépendance à certains péchés, qu'ils se sont dégagés de leur colère en pardonnant, qu'ils sont sortis de l'apitoiement et du marasme qui les paralysaient. D'autres sont devenus plus sérieux dans leur vie chrétienne. Ils ont repris goût à la lecture des Écritures et à la prière. La PGI contribue donc à la formation de disciples et permet de grandir en sainteté. Leanne Payne parle d'une « expérience baptismale » parce que l'aidé est plongé dans la présence de Dieu pour y laisser ses blessures et en ressortir libéré. En faisant de la PGI, nous participons donc à la grande mission confiée aux apôtres.

> *Allez, faites de toutes les nations des disciples,*
> *les baptisant au nom du Père, du Fils et du Saint-Esprit,*
> *et enseignez-leur à observer tout ce que je vous ai prescrit.*
> *Et voici, je suis avec vous tous les jours,*
> *jusqu'à la fin du monde.*
> Matthieu 28.19-20

Pour toutes ces raisons, je demande à Dieu qu'il suscite une relève. C'est pour cela que j'ai produit un manuel de formation et que je permets à des étudiants de m'accompagner en tant que stagiaires. Je me réjouis du fait que cette approche relativement simple puisse être pratiquée par des chrétiens bénévoles nés de nouveau ayant suivi une formation beaucoup moins complexe que celle exigée pour former les professionnels des sciences comportementales. Si vous êtes curieux d'en savoir plus en tant qu'aidant, vous pouvez lire les deux autres livres que j'ai écrits sur le sujet : *La prière de guérison, manuel de formation* et *Les liens générationnels*. Vous pouvez également suivre les activités de notre école de formation à la PGI[63].

Par ailleurs, si après avoir lu le présent livre, vous désirez plutôt recevoir de l'aide, informez-vous. Il y a peut-être des Églises chrétiennes autour de vous qui offrent la guérison intérieure. Vous pourriez aussi encourager des gens à être formés à l'aide des outils que j'ai créés et ainsi contribuer à implanter la PGI dans votre région À la limite, il suffit d'une personne qui désire vous accompagner en lisant mes livres. Croyez-vous que Dieu puisse vous guérir là où vous êtes maintenant ? Dieu est partout. Jésus est le même aujourd'hui qu'à l'époque où il était sur terre[64]. Il répond quand vous l'appelez.

En terminant, je vous suggère la prière suivante. La première moitié vise à reconnaître Jésus-Christ comme Sauveur et Seigneur afin de naître de nouveau. Souvenez-vous que la prière la plus simple est « Seigneur, si tu existes, révèle-toi à moi afin que je puisse te connaître. » Puis, récitez la prière suivante en prenant soin de la méditer lentement.

La seconde partie de cette prière cherche à vous apporter la guérison intérieure. Prenez le temps de vous détendre et de demander à Dieu de venir près de vous. Je vous encourage à ne pas sauter les prières sur l'occultisme même si vous pensez que vos pratiques étaient anodines. Toute forme d'occultisme est une alliance avec les ténèbres, sans compter que les pratiques de vos ancêtres ont un effet sur vous. Si certaines paroles suscitent des questions, demandez à Dieu qu'il vous en explique le sens. Que Dieu vous bénisse.

Seigneur Dieu, je reconnais aujourd'hui que la résurrection de Jésus-Christ et tous les miracles qu'il a faits prouvent qu'il était ce qu'il disait être : Dieu fait homme.

J'accepte qu'il soit le chemin pour aller vers toi et la porte pour entrer au paradis.

Je comprends que l'humanité s'est détournée de tes voies et que le mal existe. Je reconnais que le mal atteint mon cœur et que cela me sépare de ta justice et de ta pureté.

Je comprends que Jésus-Christ est venu en ce monde mourir à ma place pour que ta justice s'accomplisse parce que tu désires me réconcilier avec toi. Je te demande donc pardon pour mes péchés, Dieu et Père éternel. J'accepte que le sacrifice de Jésus couvre toutes mes fautes.

J'accepte désormais que Jésus soit mon Seigneur et mon Dieu, comme toi Père, tu es mon Dieu. Je te demande de me donner ton Saint-Esprit, qu'il vive en moi et que moi je vive maintenant aussi en toi et par toi.

Je renonce à toute pratique occulte et à toute alliance que j'ai contractées avec le monde des ténèbres.

Je te demande de briser les liens et les malédictions rattachés à mes péchés, à mes vieilles blessures, à l'occultisme et à mon héritage générationnel.

Seigneur, je te prie maintenant de restaurer mon corps [vous pouvez placer vos mains sur les endroits à guérir].

Je pardonne à ceux qui m'ont offensé. Je te prie de restaurer mon âme [vous pouvez présenter vos souffrances à la croix, en les nommant et en vous les représentant comme des paquets pour ensuite les déposer au pied de la croix].

Je te prie, Père céleste, de me conduire dans ma nouvelle identité en Christ, dans la plénitude de ton Esprit.

Enfin, je te prie de me donner la vie abondante que tu promets à tes enfants. Amen !

Conclusion

Le monde s'est enrichi considérablement au cours du dernier siècle. Pourtant, il y a encore bien des souffrances derrière le masque de cette nouvelle prospérité. Quelque chose doit changer. André avait compris cela.

> André, un homme dans la quarantaine, s'affale sur la chaise qui fait face à mon bureau dans mon cabinet de médecin. « Je suis en instance de me séparer de ma femme, dit-il. Je consulte un psychologue qui se contente de me dire de faire ce que bon me semble, de suivre mon désir. Mais j'aimerais qu'il m'aide à prendre ma décision. J'en suis à mon deuxième divorce et je ne comprends pas pourquoi ma vie de couple ne fonctionne pas ! »

Cet homme était plus avisé que bien des gens. Il reconnaissait son ambivalence entre, d'une part, son besoin de mettre fin à ses souffrances en quittant sa femme et, d'autre part, son désir de persévérer pour comprendre son problème et éviter les méandres d'un autre divorce. Il ressentait que ses difficultés relationnelles se reproduiraient dans une prochaine union conjugale si elles n'étaient pas réglées. Or, il semble que son psychologue ne voyait pas cela, car il ne lui proposait pas de solution véritable à long terme.

Je ne dis pas cela pour condamner ou décourager les professionnels qui tentent sincèrement d'aider les autres. Mes propos soulèvent plutôt une question. Comment une approche classique peut-elle réussir si la racine du problème est au-delà du domaine de la science ? En effet, je crois qu'une grande partie de la bataille ne se déroule pas sur le territoire naturel, mais sur le plan surnaturel. Par exemple, nous observons, plus que jamais, cette fascination de l'horreur et de la mort, ou cet égoïsme rampant qui est au cœur même de tous les péchés. Or, les scientifiques n'établissent pas de lien entre nos mœurs et les malédictions qui s'y rattachent. Le changement dont nous avons besoin ne peut s'opérer que si nous saisissons ce qui se trame dans le surnaturel afin d'amorcer une démarche spirituelle.

Dieu nous appelle à nous tourner vers lui pour nous apporter la guérison (Jr 3.22). Autrefois, la cure d'âme était pratiquée par les pasteurs. Avec la venue de la psychanalyse, elle a été reléguée aux psychothérapeutes. Cela a permis aux sciences humaines de progresser. Cependant, la sphère spirituelle de l'humain a été délaissée. Les professionnels de la santé devraient s'intéresser de nouveau à l'approche chrétienne. En réalité, le conflit existant entre des scientifiques et la foi chrétienne n'est pas relié à la démarche scientifique, mais plutôt aux croyances sous-jacentes véhiculées par certains au nom la science. Ces dogmes matérialistes ne relèvent pas d'une démarche empirique, mais philosophique. Je souhaite que des gens de science s'éveillent aux réalités surnaturelles, même si leur priorité sera toujours de comprendre les phénomènes observés, tandis que celle de l'Église demeurera de glorifier Dieu en apportant la guérison et en proclamant le salut en Jésus-Christ.

Quelle est la solution pour que s'amorce un retour à la source de la vie et de la guérison? Il nous faut retrouver le christianisme radical des origines : à la fois détaché du monde pour en être purifié et présent dans ce monde pour le transfigurer. Jésus est venu en disant qu'il était là…

> *[...] pour annoncer la bonne nouvelle aux pauvres ;*
> *[...] pour proclamer aux captifs la délivrance,*
> *et aux aveugles le retour à la vue,*
> *pour renvoyer libres les opprimés,*
> *pour proclamer une année d'accueil de la part du Seigneur*
>
> Luc 4.18-19 (*NBS*)

Le Christ a transmis cette même mission à ses disciples. Voilà pourquoi les chrétiens nés de nouveau peuvent opérer dans le surnaturel et libérer les gens de l'emprise du mal, mal qui n'est pas seulement un ennemi matériel, mais aussi une entité spirituelle invisible. Voilà pourquoi la prière de guérison offre un espoir pour l'âme et l'esprit à des hommes et à des femmes qui appellent à l'aide.

Grâce à Dieu, des phénomènes impossibles aux approches de la science peuvent se produire. La prière de guérison intérieure fait partie des outils puissants qui délivrent l'âme et l'esprit. En PGI, le Saint-Esprit nous dirige rapidement à la racine des problèmes vers un souvenir-clé. Il diminue les résistances en contournant les mécanismes de défense qui emprisonnent l'âme. Cette approche ne dépend pas d'une technique, mais de Dieu, qui grâce à ses interventions sacrées – si anodines soient-elles –, trace le chemin à suivre. Ainsi, des souvenirs aussi lointains que ceux de la gestation peuvent être révélés. Le venin de nos souffrances est extrait et déposé à la Croix. Les pardons libèrent de la colère pour nous conduire à une paix surnaturelle. Des liens et des alliances sont brisés, et l'identité des captifs est restaurée. Puis, lorsque les aidés sont libérés, ils peuvent se détourner d'eux-mêmes et vivre en servant les autres avec amour.

Aujourd'hui, Jésus nous interpelle en disant :

Jusqu'à présent, vous n'avez rien demandé en mon nom. Demandez, et vous recevrez, afin que votre joie soit parfaite.

Jean 16.24

Pour plus d'information : eva-quebec.com/pgi

Pour communiquer avec l'auteur : mrlepcac@gmail.com

Pour recevoir l'auteur comme conférencier ou formateur :
    eva-quebec.com/pgi ou mrlepcac@gmail.com

NOTES

Introduction

[1] Le livre de la Genèse et l'épitre aux Romains, en particulier, expliquent que les humains se sont détournés de Dieu et qu'ils sont devenus pécheurs et mortels. L'Ancien Testament annonçait la venue d'un Sauveur messianique. C'est Dieu lui-même qui s'est incarné pour mourir sur la croix afin que les péchés de tous ceux qui croient en Jésus-Christ soient pardonnés et que ceux-ci soient réconciliés avec Dieu par la foi. De plus, Jésus a annoncé qu'il reviendrait à la fin des temps pour rétablir toutes choses, c'est-à-dire abolir l'injustice sociale, la maladie et la mort. Cette restauration ira bien au-delà du simple fait de redonner aux humains la pureté morale et l'autorité qu'ils possédaient au moment de la création. En effet, les corps des ressuscités seront bien plus glorieux que ceux de la création matérielle et ceux qui vivront éternellement aurons une intimité bien plus grande avec Dieu.

Chapitre 1

[2] Guy Corneau, « Psychanalyse ou art-thérapie », *L'actualité médicale*, 21 avril 2010.

[3] Le sondage était anonyme. Il a été envoyé à 196 personnes ; 77 personnes ont répondu, soit un taux de 44 %. Plusieurs adresses électroniques n'étaient plus bonnes.

[4] Voir mon livre : *Les liens générationnels*, Québec, 2022, 190 p.

[5] Notons que cela peut être différent dans d'autres pays. Par exemple, aux États-Unis, le psychiatre Karl Lehman indique dans sa lettre de nouvelles du 28 mars 2020 que l'approche *Immanual* (qui est très semblable à la nôtre) peut être facturée par les détenteurs d'une certification en psychothérapie

[6] Code des professions ; chapitre C-26, a. 187.2, [en ligne]. https://www.canlii.org/fr/qc/legis/lois/rlrq-c-c-26/derniere/rlrq-c-c-26.html?searchUrlHash=AAAAAQAscXVhdHJlIG1vZMOobGVzIHRow6lvcmlxdWVzIGTigJlpbnRlcnZlbnRpb24AAAAAAQ&offset=93439.203125

Voir aussi : http://legisquebec.gouv.qc.ca/fr/pdf/cr/C-26,%20R.%20222.1.pdf (15 septembre 2021).

7   Jacques Debigaré, *L'intimité*, Québec, Éditions du Méridien, 1995, p. 450.

8   Le transfert désigne un processus au cours duquel des sentiments ou des désirs inconscients envers les premiers objets investis dans l'histoire d'un sujet — le plus souvent les parents — sont projetés sur le thérapeute. Inversement, le contre-transfert désigne l'ensemble des réactions affectives conscientes ou inconscientes de l'analyste envers son patient.

Chapitre 2

9   Marie-Éva de Villiers, *Multidictionnaire de la langue française* [ressource électronique], Montréal, Québec Amérique, 2012.

10   *TLFi : Trésor de la langue Française informatisé*, [en ligne] http://www.atilf.fr/tlfi, ATILF - CNRS & Université de Lorraine (mars 2022).

11   Les centres jeunesse sont régis au Québec par la Direction de la protection de la jeunesse (DPJ). Ils recueillent les mineurs qui ont commis des délits criminels, ceux qui sont maltraités ou qui vivent des situations incontrôlables à la maison.

12   L'EMDR est une technique au cours de laquelle le thérapeute bouge le doigt de gauche à droite. L'aidé suit le doigt avec ses yeux. Cela provoque un échange d'informations entre les hémisphères gauche et droit du cerveau et permet ainsi de récupérer les souvenirs enregistrés au mauvais endroit. Notez qu'il ne s'agit pas d'hypnose.

13   Le terme « connexion » n'est pas communément accepté par les dictionnaires français dans le sens où nous l'employons. Cependant, le *Grand Dictionnaire terminologique*, se référant à l'Union internationale de psychologie scientifique (1975), accepte ce terme dans le sens de « liaison » ». Nous avons donc choisi ce terme, tout au long de cet ouvrage, car il nous semble approprié dans le présent contexte. (Toutefois, au moment de la mise sous presse, le terme n'apparaît plus dans la dernière mise à jour du GDT!)

Chapitre 3

14   Peter J. Horrobin, *Healing through Delivrance*, Grand Rapids, MI, Chosen Books, 2008, p. 274.

15   Evelyn Frost, *Christian Healing*, London, GBR, A R Mowbray & Co Limited, 1949; cité dans Peter J. Horrobin., *op. cit.*, p. 211-212.

[16] Partie de la médecine qui étudie et qui classe les maladies d'après leurs caractères distinctifs. *TLFi : Trésor de la langue Française informatisé, op.cit.*

[17] Francis MacNutt, *Deliverance from Evil Spirit*, Grand Rapids, MI, Chosen Books, 2009, p. 39.

[18] Peter J. Horrobin, *op. cit.*, p. 270.

[19] L'herméneutique est la science qui vise à bien interpréter les Saintes Écritures. Un des principes en herméneutique est que l'argument du silence n'est pas un argument solide.

[20] Pour une étude plus approfondie de ce texte, voir Michel Robillard, *Les liens générationnels*, Québec, 2022, 190 p.

[21] Peter J. Horrobin, *op. cit.*, p. 207.

[22] Gordon D. Fee, *God's Empowering Presence*, Grand Rapids, MI, Baker Publishing Group, 1994, p. 382, note 45.

[23] Francis MacNutt, *op.cit.* p. 134.

[24] Randy Clark, *The Biblical Guidebook to Deliverance*, Lake Mary, FL, Charisma House, 2015, p. 34.

[25] *Ibid*, p. 35-41.

[26] Francis MacNutt, *op.cit.,* p. 219.

[27] *Ibid.,* p. 137.

[28] Pour plus de détails sur l'historique de l'exorcisme rattaché au baptême, voir Michel Robillard, *Les liens générationnels*, Québec, 2022, 190 p.

[29] L'apôtre Paul utilise en 1 Timothée 4.1 l'expression « doctrines de démons ». Il dit aussi en 2 Corinthiens 11.14 que Satan lui-même se déguise en ange de lumière.

[30] Ce thème des héritages générationnels est amplement développé dans mon livre *Les liens générationnels*, Québec, 2022, 190 p.

[31] Larry Dossey, *Healing Words*, New York, NY, Harper One, 1993, p. 13-14.

[32] Le message de l'Évangile est exposé dans la section qui suit.

Chapitre 4

[33] La souveraineté de Dieu signifie que rien n'échappe à son contrôle, pas même le mal (Dt 32.39). Par conséquent, bien des gens ne comprennent pas pourquoi le mal est dans le monde, puisque Dieu a le pouvoir de l'enrayer. Y aurait-il en lui un côté sombre qui est porté au mal ? L'ensemble de la Bible ne va pas du tout dans cette direction. Celle-ci est une théologie perverse adoptée, entre autres, par Carl Jung. Je préfère distinguer la volonté parfaite de Dieu de sa volonté permissive afin d'expliquer la présence du mal dans le monde. Dieu, voulant que les humains soient libres de l'aimer, a permis leur rébellion. Ce n'était pas, cependant sa volonté parfaite. C'est pourquoi le mal est ainsi entré dans le monde. Dieu permet le mal et la maladie en tant que conséquences de nos péchés. Mais attention ! Cela ne veut pas dire qu'il souhaite nous voir souffrir.

[34] Dans notre service (ministère), toutes les personnes qui font une demande d'aide reçoivent une lettre qui explique notre manière de travailler et notre éthique. Elles doivent la signer et nous la retourner pour confirmer qu'elles l'ont lue et qu'elles en acceptent les principes. Au début de la première rencontre, nous rappelons brièvement à l'aidé la nature de notre approche.

[35] Nous pensons qu'il est préférable d'éviter la formule « Viens, Seigneur », car Dieu est déjà présent partout et plus spécifiquement dans le cœur des chrétiens nés de nouveau. C'est pourquoi nous prions en disant que nous entrons dans sa présence, ce qui est d'ailleurs une réalité scripturaire (Hé 10.19-20).

[36] Habituellement, un des aidants dirige l'aidé pendant que l'autre se place en mode d'écoute de Dieu.

[37] Trouble déficitaire de l'attention avec hyperactivité.

[38] Leanne Payne, *L'image brisée*, Le Mont-Pèlerin, CH, Éditions Raphaël, 1996, p. 160-161.

[39] L'empathie est la compréhension des sentiments et des émotions d'un individu à partir de ce que l'autre ressent, contrairement à la sympathie qui utilise l'expérience de l'aidant comme point de repère.

[40] Cette information m'a été fournie lorsque j'ai demandé la permission à l'aidée de publier son témoignage dans mon livre. Nous n'avons pas eu l'occasion de prier de nouveau pour elle.

Chapitre 5

[41] Balder est un dieu scandinave évoquant la justice, la lumière et la beauté.

[42] Osiris est un dieu égyptien des forces végétales, de la mort et du recommencement.

[43] C. S Lewis, *Dieu au banc des accusés*, Bâle, CH, Éditions Brunnen Verlag, 1982, p. 43-44; cité dans Leanne Payne, *L'âme, cette oubliée*, Suisse, Éditions Raphaël, 1992, p. 300.

[44] André Bachand, *L'acquisition des vertus par la grâce de Dieu*, Feuillet d'évaluation, Cours Multi C, Montréal, UÉBFC, 2015.

[45] Ève dit : *J'ai conçu avec l'aide de Dieu* (Gn 4.1). Job et David reconnaissent que Dieu les a tissés dans le ventre de leur mère (Jb 31.15 ; Ps 139.13,15-16). L'apôtre Paul considère que les chrétiens ont été *élus avant la fondation du monde* (Ép 1.4). C'est donc dire que nous ne sommes pas seulement le fruit du désir ou du choix de nos parents. Dieu a aussi souhaité que nous vivions. Nous rappelons ce fait à ceux et à celles qui n'ont pas été désirés. Cette vérité contribue à leur guérison.

[46] Leanne Payne, *L'âme, cette oubliée*, Suisse, Éditions Raphaël, 1992, p. 154.

[47] David A. Seamands, *La guérison des souvenirs – approche pratique*, Mazerolles, FR, Éditions Empreinte, 1990, p. 149.

[48] Eric H. Erikson *Adolescence et crise – La quête de l'identité*, Paris, FR, Éditions Flammarion, p. 11.

[49] *Ibid*, p. 14. Traduction de *sameness* et de *continuity*.

[50] Leanne Payne, *Vivre la présence de Dieu*, Le Mont-Pèlerin, CH, Éditions Raphaël, 1990, p. 203.

[51] Leanne Payne, *L'image brisée, op.cit.,* p. 162.

Chapitre 6

[52] Gn 1.27 ; Za 12.1 ; 1 Th 5.23.

[53] Pour une étude plus poussée sur ce sujet, lire mon livre *Les liens générationnels*, Québec, 2022, 190 p.

[54] Toutefois, on peut observer en les chassant des symptômes tels : rots, gaz, bâillements ou haut-le-cœur.

---

55 Il y avait eu une série de suicides collectifs en lien avec cette secte quelques années plus tôt.

56 Voir en particulier : Dt 18.10-12 ; 2 R 17.17.
Voir aussi : Dt 4.19 ; Dt 17.2-5 ; 2 R 21,3-9 ; Jb 31.26-28 ; És 47.11-15 ; Jr 8.1-2 ; Jr 10.2-5 ; So 1.4-6; Ac 19.18-19 ; Ga 5.19-21 ; Ap 22.15.

Chapitre 7

57 John Wimber, *Allez... guérissez par la puissance de Jésus*, Éditions Menor, Éditions Carrefour, France, 1996, p. 207-242.

58 En anglais : *release*.

59 http://www.jglm2.atomicshops.com/healingart.html, enseignement nº 2 de *Hooked On a Feeling*. Cet enseignement n'est plus accessible en ligne.

60 Leanne Payne, *Vivre la présence de Dieu, op.cit.*, p. 152.

61 Leanne Payne , *Présence réelle*, Le Mont-Pèlerin, CH, Éditions Raphaël, 1998, p. 98-99.

62 Leanne Payne, *La prière d'écoute*, Le Mont-Pèlerin, CH, Éditions Raphaël, 2004, p. 129.

63 Pour plus d'information : eva-quebec.com/pgi

Pour communiquer avec l'auteur : mrlepcac@gmail.com

Pour recevoir l'auteur comme conférencier ou formateur :

eva-quebec.com/pgi ou mrlepcac@gmail.com

64 Hébreux 13.8.

www.ingramcontent.com/pod-product-compliance
Lightning Source LLC
LaVergne TN
LVHW051103180726
843512LV00020B/1575